W0467307

AGNÈS MATTHYS

À L'ÉCOLE DES CHIOTS

Les bases d'une éducation positive réussie

LAROUSSE

Direction de la publication : **Isabelle Jeuge-Maynart et Ghislaine Stora**

Direction éditoriale : **Catherine Delprat**

Édition : **Laure Sérullaz**

Conception graphique : **Anna Bardon/Jean-Yves Grall**

Mise en pages et illustrations : **Jean-Yves Grall**
www.jeanyvesgrall.com

Couverture : **Émilie Laudrin**

Fabrication : **Laure Ferrandis et Donia Faiz**

ISBN 978-2-03-589869-2

Sommaire

L’apprentissage des « maîtres »

Vivre avec un animal est un bonheur irremplaçable, à condition de comprendre son mode de fonctionnement. Celui-ci est très éloigné du nôtre et l’anthropomorphisme qui consiste à plaquer sur un animal ses propres sentiments est l’une des erreurs les plus fréquentes commises par les candidats à l’adoption que nous rencontrons à la SPA. Un animal n’est pas un humain ; il n’est pas davantage un jouet que l’on peut solliciter à volonté et mettre de côté, une fois lassé de sa compagnie.

Les animaux nous aiment d’un amour sans faille et sans limite et la rupture de ces liens affectifs est une vraie blessure pour eux. L’adoption responsable que nous prônons à la SPA vise à protéger les animaux de cette souffrance, et à éviter ainsi la multiplication des abandons à la première contrainte que le « jouet » impose à ses « maîtres ».

Nous sommes à la SPA les premiers témoins de cette méprise dont les animaux sont les victimes. Chaque année, nos refuges recueillent un nombre croissant d’animaux abandonnés. Leur nombre en France était encore de 100 000 l’année dernière. C’est évidemment un chiffre effarant qui nous plonge dans un profond désarroi.

Partout où nous le pouvons, dans nos maisons SPA, dans chacun de nos refuges, nous expliquons la teneur de l’engagement que suppose la vie en commun avec un animal. Le parrainage de guides pratiques sur les animaux de compagnie constitue pour notre association une autre manière de prolonger ce travail pédagogique.

C’est pour cela que cet ouvrage nous est apparu comme un vecteur d’apprentissage particulièrement utile pour de futurs « maîtres ». Car les chiots, ces adorables boules de poils qui nous font tous craquer, nécessitent en réalité la mise en œuvre de techniques d’apprentissage assez rigoureuses qui détermineront la qualité des relations futures entre l’animal et son « maître ».

Ce livre vous y aidera à coup sûr. Il est riche de conseils vous permettant de régler les problèmes éventuels par des astuces toutes simples.

Saviez-vous, par exemple, que si votre chiot pleure tout seul dans le noir les premières nuits, vous pouvez placer son panier dans votre chambre et l'éloigner ensuite progressivement afin qu'il puisse ensuite dormir à « pattes fermées », loin de vous ?

Saviez-vous que les balles de tennis sont abrasives pour ses dents ?

Connaissiez-vous la technique de la fausse sortie pour habituer votre chien à votre absence ?

Cet ouvrage vous permettra aussi de découvrir les grands principes d'une méthode d'éducation connue sous le nom d'éducation positive. Nous l'apprenons en ce moment dans nos refuges afin d'accroître le bien-être de nos pensionnaires et faciliter leur intégration future dans une nouvelle famille.

Cette technique consiste en substance à user de la récompense plutôt que de la punition. L'apprentissage se construit progressivement dans la douceur et le calme afin de faire comprendre à votre chien ce que vous attendez de lui. Pas question de cris ou de tapes sur les fesses en cas de « bêtise », mais au contraire un jouet ou une friandise lorsque le chiot a bien réagi. En cas de récidive, les mêmes mots prononcés fermement devraient suffire à votre chien pour interpréter votre mécontentement.

Avec cette science nouvelle, beaucoup d'amour et de tendresse, votre adorable chiot deviendra à coup sûr le chien le plus paisible, le plus heureux et le plus obéissant de son quartier.

Les chiens de la SPA suivent en ce moment cet apprentissage, ils vous attendent dans nos 56 refuges où nos équipes seront ravies de vous accueillir et qui sait, vous permettre de découvrir le compagnon de vos rêves.

En attendant de vous voir chez nous, apprenez à devenir un bon « maître » et, surtout, bonne lecture !

Natacha Harry

Présidente de la SPA

Pourquoi choisir l'éducation positive ?

Depuis que le chien s'est installé dans nos foyers, il lui a fallu s'adapter à un habitat restreint, à une promiscuité plus grande avec ses congénères et avec les humains extérieurs à son cercle et environnement quotidiens, s'habituer à plus de solitude et à faire moins d'exercices... Il est donc important de bien l'éduquer, dès son plus jeune âge, afin qu'il s'intègre au mieux dans notre société moderne et qu'il comprenne ce que l'on attend de lui. Car nous allons lui demander, d'une manière générale, de **ne pas aboyer**, **ne pas sauter** sur les gens, **ne pas poursuivre** les véhicules, **ne pas hurler, ne pas gratter, ne pas mordre...** Bref, tout ce qui pourtant le définit au naturel !

Bien que le chien soit un des plus vieux amis de l'homme, il a longtemps été question de le soumettre et de le dominer pour le faire obéir et en être le maître.

BIOGRAPHIE

Agnès Matthys est éducatrice professionnelle diplômée de l'école de Gramat (46). Elle travaille en méthodes positives. Elle s'est formée auprès de Catherine Collignon et a été la collaboratrice de Kimberley Johnson pendant plus d'un an, toutes deux étant des professionnelles reconnues pour avoir promu les méthodes d'éducation positives et le clicker-training en France.

Son éducation était basée, traditionnellement, sur le mythe de la dominance et faisait appel à des méthodes coercitives où le chien obéissait par crainte. Or, un des principes fondamentaux de la hiérarchie, c'est que celle-ci ne peut s'instaurer qu'au sein d'une seule et même espèce ; il ne peut donc pas y avoir de dominance entre l'homme et le chien.

Heureusement, depuis quelques décennies, d'autres méthodes d'éducation canine ont vu le jour ; des méthodes dites « positives » où l'apprentissage du chien passe par le **renforcement positif.** Pendant la période d'apprentissage, le chien est motivé à bien faire en étant récompensé à chaque bon comportement.

Une éducation en douceur et cohérente sera le meilleur moyen d'éviter que votre chiot ne développe des troubles du comportement inhérents à de mauvaises habitudes ou à des situations stressantes telles que les coups ou les cris !

Grâce à ces méthodes positives, vous ne vivrez plus l'éducation comme une corvée. Ce sera une formidable opportunité de construire une belle relation au quotidien, en tissant un lien de confiance avec votre chiot, qui se renforcera au fil de vos interactions.

Votre chiot et vous allez adorer l'école !

Agnès Matthys

Les bons choix pour une éducation réussie

Se poser toutes les bonnes questions

Accueillir un chiot est une décision très importante qui va **changer votre vie**, et c'est une **grande responsabilité.** En effet, vous devez être conscient de vos devoirs non seulement envers votre animal, mais aussi vis-à-vis de l'entourage au sens large. C'est un **engagement sur le long terme** qui demande de fixer sur le papier tout ce qu'il nécessite comme investissement aussi bien personnel que financier. Une fois cette étape franchie se pose la question du choix du chien. Prenez le temps de bien réfléchir à tout !

Attention à l'erreur de casting !

Bien souvent, on choisit une race pour de multiples raisons : son aspect physique, son intelligence, d'un point de vue pratique, sentimental... ou parce que ça a toujours été la race de nos rêves !

Penchons-nous d'un peu plus près sur la question. Une race se définit d'une part par ses caractéristiques génétiques et d'autre part par le caractère intrinsèque des individus qui la composent. Chaque individu étant différent, ce n'est pas parce que votre chien précédent avait telles qualités ou tels défauts que le prochain sera à l'identique, qu'il soit LOF ou de races multiples.

Par ailleurs, on entend souvent que telle race de chien est « super-intelligente », la « rolls royce » de la gent canine... On voit des vidéos où les chiens exécutent des prouesses ; on sait que les chiens dits « de travail » sont réputés être vifs d'esprit et comprennent très rapidement les exercices demandés... Certes, mais est-ce un critère suffisant ? Ne vous laissez pas influencer par ce genre de propos. Car tout chien, s'il est constitué d'un héritage génétique que nous appellerons « l'inné », est aussi la somme de ses « acquis ». Et les

IDÉE REÇUE !

Un chiot, ce n'est qu'une question de coup de foudre !

FAUX. Ne tombez pas dans le piège de la jolie petite boule de poils qui vous émeut au premier coup d'œil dans un refuge, ou chez un éleveur, ou ailleurs. Ne cédez pas non plus à un caprice de vos enfants, par exemple, si vous n'êtes pas sûr de pouvoir l'assumer au quotidien. Il est faux de penser qu'un chiot va devenir plus sage en grandissant, s'il n'y a pas un travail d'éducation en amont. Et il faudra toujours le sortir, même les jours de pluie, lui faire faire de l'exercice, lui trouver une place, que ce soit en pension ou avec vous quand vous partirez en vacances.

acquis proviennent exclusivement des apprentissages. Serez-vous prêt à faire « travailler » votre chien de la même façon, aurez-vous assez d'énergie et de temps pour le stimuler mentalement et physiquement ?

Certaines races sont très prisées, autant pour leur plastique que pour leurs aptitudes.

Actuellement, la mode est aux Bergers (Australiens, Malinois, Borders...), mais la liste n'est pas exhaustive. Il est certain que ce sont des races polyvalentes qui se distinguent aussi bien par leurs qualités d'obéissance que par leurs performances dans les sports canins. Mais ce sont avant tout des chiens qui ont un grand besoin d'activités aussi bien mentales que physiques ! Quelques promenades hygiéniques, un bon repas et des câlins ne leur suffiront pas dans la majorité des cas. Qu'adviendra-t-il si votre chien s'ennuie chaque jour en attendant votre retour ? Il trouvera le moyen de s'occuper pour faire passer l'ennui ; malheureusement pour vous, il n'est pas certain que ces occupations fassent votre joie. Ces qualités formidables pourront vite devenir problématiques si elles se traduisent par des destructions ou des cratères dans le jardin...

BON À SAVOIR

Si toutes les races sont intéressantes, autant pour leur nature, leur aspect que pour leur histoire, elles ne seront pas forcément compatibles avec votre mode de vie. Il existe des prédispositions génétiques susceptibles d'influencer votre choix ; en voici quelques-unes à titre indicatif :

- **N'hésitez pas à approfondir la question** auprès des clubs de races et des éleveurs passionnés.
- **Les Terriers et Teckels** sont reconnus comme étant tenaces, très endurants, vifs, et comme ayant une forte propension à creuser le sol.
- **Les Bouviers et Bergers,** vifs, énergiques, doivent être stimulés.
- **Les chiens dits « primitifs »** sont indépendants et attachés à un seul maître ; les rapports avec les congénères sont souvent conflictuels, d'où un fort besoin de socialisation.
- **Les Beagles, Épagneuls, chiens d'arrêt**... sont des chiens de chasse à l'odorat très développé. Ils se focalisent plus facilement sur une odeur, parfois au détriment de l'attention portée au maître.

Vous et votre chiot, une question d'harmonie

Comme vous l'avez compris, les caractéristiques génétiques ne sont pas les seules à prendre en compte. C'est avant tout le caractère de l'animal qui est primordial. Je connais des Jack Russell formidablement calmes et débonnaires avec leurs congénères (ce qui n'est pas, a priori, leur qualité première), et des Goldens ou Labradors particulièrement exubérants, même à un âge avancé !

Dans la mesure du possible, ne choisissez pas votre chiot dans les extrêmes : un chiot trop téméraire risque d'être difficile à canaliser, surtout si c'est votre tout premier chien, alors qu'un chiot trop timide vous demandera beaucoup de travail de socialisation et pourrait avoir des difficultés d'adaptation à son environnement. Pensez à accorder votre tempérament et celui de l'animal : un chiot sportif aura du mal à trouver son rythme si vous êtes très casanier. Il vous faudra parfois faire aussi des compromis pour que la famille y trouve son compte.

Une fois que vous aurez établi ce que vous souhaiteriez partager avec votre chiot, les moyens que vous pourrez mettre en œuvre pour son épanouissement, le temps que vous pourrez lui consacrer par jour et par week-end, il vous sera plus facile de déterminer quel type de chien vous conviendrait.

Achat ou adoption ?

Chiot de race, chiot croisé, achat, adoption, où le trouver ? Le choix n'est pas toujours simple et il faudra parfois vous montrer patient si la race choisie est peu connue du grand public. Une autre considération est à prendre en compte : le prix.

Si vous n'avez pas de critères particuliers, vous trouverez certainement votre bonheur auprès de **La Société Protectrice des Animaux (SPA)** ou des **refuges d'autres associations de protection animale.** Vous aurez le privilège d'un choix varié, race ou non, et les bénévoles ou le personnel sauront vous guider sur le profil du chien adapté à votre mode de vie. Vous pourrez en outre prendre le temps de revenir pour observer et vous familiariser avec votre futur petit compagnon. Il est à noter que bien souvent, les chiens croisés semblent plus robustes sur le plan de la santé. Cela peut s'expliquer par le fait qu'il y a moins de sélections, donc moins de fragilités génétiques. Par contre, sauf exception, vous n'aurez que peu d'informations sur les premiers mois de l'animal, il reste donc une part d'imprévu, mais finalement comme avec tout chien !

Si vous préférez prendre un chiot de race, en fonction du pedigree et de son sexe, il vous en coûtera environ **entre 500 à plus de 2 000 euros**. Choisissez de préférence un **éleveur professionnel et compétent passionné** qui saura vous présenter la race et vous apporter tous les conseils utiles. Vous devriez avoir la possibilité de visiter l'élevage, voir votre chiot évoluer avec sa fratrie et donc vous faire une idée de son caractère, ramener aussi un jouet de l'élevage avec des odeurs connues pour qu'il vive au mieux la séparation d'avec sa mère et sa fratrie. Vous aurez notamment toutes les informations concernant la généalogie de votre chiot ainsi que les différents tests de santé inhérents à la race (tares oculaires, dysplasie... renseignez-vous auprès du club de la race que vous aurez choisie pour savoir quels sont les tests de santé qui sont préconisés).

Si vous devez acheter votre chiot en **animalerie,** assurez-vous de sa provenance, et demandez à le voir avec d'autres congénères que ceux de sa cage. Il faut savoir que les chiots d'animaleries se retrouvent dans des espaces très confinés peu propices à satisfaire leur besoin d'exploration. Ils ont peu d'interactions avec

BON À SAVOIR

Voici quelques précisions sur les différences entre le chiot de race, le chiot type, le corniaud et le bâtard :

Chiot de race : ses parents sont inscrits au Livre des origines français. Géré par la Société Centrale Canine, le LOF a été créé en 1885 et répertorie toutes les races reconnues comme telles en France et leur généalogie. À la suite de son inscription définitive au LOF, vous obtiendrez le pedigree de votre chiot.

Chiot type : il s'agit de tous les chiens apparentés à une race, mais qui ne sont pas inscrits au LOF. Vous n'aurez pas de certitudes quant à ses origines. À la différence du LOF, le chiot type n'a pas de pedigree.

Le chiot bâtard est issu au moins d'un parent de race, voire de deux, mais de races différentes.

Le chiot corniaud est le fruit d'un curieux hasard. C'est un chiot de races au pluriel !

leurs congénères et peuvent souffrir, entre autres, d'un manque de socialisation.

Soyez attentif à l'appellation **chiot de race**, **LOF** ou **chiot type**. Un chiot ne peut pas être « type LOF », cela ne veut rien dire. Il est soit de race, soit apparenté, et son prix doit s'en ressentir.

Les papiers indispensables

Quelle que soit votre décision, que vous passiez par un éleveur, une association d'adoption, un particulier ou une animalerie, lorsque vous viendrez chercher votre chiot, vous devrez vérifier que vous avez bien **tous les documents nécessaires** : carte d'identification (puce électronique ou tatouage), certificat vétérinaire, attestation de vente ou contrat d'adoption (à lire attentivement), certificat de naissance et inscription provisoire au LOF le cas échéant et passeport avec les vaccinations.

Vérifiez que son **numéro de puce commence bien par 250,** si votre chiot est issu d'un élevage ou d'une destination de France, et faites rapidement une visite chez votre vétérinaire qui pourra contrôler que votre petite boule de poils est en pleine forme (voir p. 20 à 23 et 76 à 77).

Avoir un chien, combien ça coûte ?

Vous allez calculer votre budget suivant différents critères, notamment la taille et la race de votre chien, mais aussi votre situation géographique. En effet, les frais vétérinaires ne seront pas les mêmes selon que vous habitez à la campagne ou dans une grande agglomération.

Santé : la première année, les dépenses seront plus importantes, car en plus des vaccins, il faudra compter également la stérilisation ou la castration éventuelle de votre animal ; renseignez-vous auprès de votre vétérinaire pour estimer précisément le budget. Vous pouvez également prendre une mutuelle santé pour votre animal.

Au quotidien : nourriture, friandises dépendent de la taille de votre chiot une fois adulte. Vous pouvez passer d'un sac de 4 kg de croquettes par mois à plus de 15 ou 20 kg par mois ; la différence est de taille autant pour le porte-monnaie que pour le lieu de stockage !

Jouets, couchage et autres accessoires : la coussinerie et la sellerie, suivant le matériel choisi, peuvent aller du simple au triple en fonction, entre autres, de la taille et de la qualité. Il faudra également prévoir des accessoires de sécurité adaptables à votre intérieur. Les jouets sont multiples, il y a les incontournables (voir p. 24 à 29).

Transports et vacances : vous devrez également rajouter des frais de transports si vous n'avez pas de véhicule et de pension si vous ne pouvez pas l'emmener avec vous en vacances. Par exemple, pour un voyage en train, un petit chien de moins de 6 kg peut voyager pour un forfait de 7 euros (derniers tarifs disponibles sur sncf.com), alors qu'au-delà, le propriétaire devra rajouter 50 % de la somme de son propre billet. Pour l'avion et le bateau, cela varie selon les compagnies.

Toilettage : si vous choisissez une race à poil long, attention au coût supplémentaire pour les séances de toilettage ; certaines races demandent un toilettage très régulier auprès de professionnels.

Éducation : vous devez également pourvoir à l'éducation de votre chiot. C'est d'autant plus vrai pour les chiens citadins qui sont amenés à rencontrer énormément de monde, de congénères et de situations particulières. Il est conseillé de faire appel à un professionnel de l'éducation en méthodes positives pour que votre chiot démarre bien dans sa nouvelle vie, surtout si c'est votre tout premier !

Tous ces paramètres devraient être pris en compte avant d'arrêter votre choix sur une race en particulier.

Serez-vous un bon maître ?

Mériter la présence d'un chiot à ses côtés n'est pas donné à tout le monde, il faut montrer patte blanche ! Votre chiot a besoin que vous le respectiez dans son intégrité. Le meilleur des apprentissages se fera en douceur, sans stress. Il a besoin d'un espace de vie ajusté à ses besoins et de balades ludiques pour se dépenser tout en profitant de son « maître » ou de sa « maîtresse ».

Préparez l'environnement pour votre chiot

Tout comme l'arrivée d'un bébé à la maison, celle d'un chiot nécessite quelques ajustements. Sécurisez les prises, faites le maximum pour que les fils électriques ne traînent pas, et rangez toutes vos affaires au fur et à mesure si vous ne voulez pas les retrouver mâchouillées, voire déchiquetées ; les chiots ont une passion pour les chaussures et les chaussettes, entre autres, ils y retrouvent un concentré de vos odeurs. Ce besoin de mâchouiller sera décuplé lorsque votre chiot commencera à perdre ses dents de lait au profit de sa dentition définitive (à partir de 4 mois).

Pensez à acheter un parc à chiot ou des barrières de sécurité bébé qui pourront lui limiter l'accès à certaines pièces ou aux escaliers, par exemple.

Le chiot passe en moyenne 80 à 90 % de son temps à dormir.

Si vous avez des objets de valeur, des tapis auxquels vous tenez vraiment, mieux vaut les ranger, le temps que votre petit compagnon soit un peu avancé dans ses apprentissages et acquis, notamment celui de la propreté (voir p. 50 à 53). Il est recommandé, en définitive, de lui définir **un espace assez limité** pour les moments où vous devrez le laisser seul et sans surveillance, d'une part pour sa sécurité (moins il aura accès à la totalité de l'appartement, moins il pourra se mettre en danger), son confort, et d'autre part pour protéger votre intérieur.

▲ Ici, la cage de transport est considérée comme un refuge, où le chiot va de lui-même pour être au calme.

La plupart des chiots se sentent plus rassurés dans un petit espace, qu'ils ont appris à aimer, plutôt que dans l'immensité d'un appartement ou d'une maison, où ils vous chercheraient partout.

Le premier jour, ne lui demandez pas de partir derechef à la découverte de son territoire, il sera certainement trop stressé pour une telle aventure. Placez-le dans une pièce confortable avec un panier douillet, un objet de l'élevage ou du refuge si vous avez pu vous en procurer un, des jouets en plus, et laissez-le prendre ses marques au calme. Ne le sollicitez pas trop et faites la leçon à vos enfants (si vous êtes en famille) qui n'auront qu'une envie : le prendre dans leurs bras !

La caisse de transport (ou la cage d'exposition) : elle peut être d'une aide précieuse, si elle est envisagée comme un outil d'éducation et lorsqu'elle est bien intégrée dans l'apprentissage du chiot. Il ne s'agit pas de l'obliger à y passer des heures jusqu'à ce qu'il n'en puisse plus, mais de l'amener à découvrir cet espace grâce à des jouets de valeur dissimulés dedans, des os à mâcher, les rations de la journée à prendre à l'intérieur... Fermez alors la porte pendant quelques secondes et rouvrez-la, puis recommencez, encore et encore, jusqu'à ce que cela devienne une habitude pour votre chiot.

➲ La caisse peut être utile pour l'apprentissage de la propreté bien sûr, mais elle est également très appréciable si vous devez aller quelque part où votre chiot doit être confiné : personnes n'appréciant pas les chiens ou en ayant peur, chien « étranger » agressif, chienne en chaleur, transports... Dans certains foyers, la caisse reste ouverte et sert de niche au chien ; c'est son espace, là où il peut se réfugier lorsqu'il veut être tranquille.

➲ La caisse est aussi très utile si vous devez partir faire une course et que vous craignez que votre chiot mâchouille toutes sortes de choses inappropriées ; cela vous sécurise tout comme votre chiot (une électrocution est vite arrivée...) ; dans la mesure où vous ne stressez pas de ce qui peut arriver à votre chiot ou à votre appartement, vous appréhendez mieux les départs et, du coup, votre chiot aussi.

➲ Enfin, la caisse sécurise le chien en voiture, en cas d'accident, évite qu'il soit projeté, ou ne se sauve, ou encore gêne l'intervention des pompiers (certains chiens, bien que très gentils en temps normal, peuvent devenir agressifs à cause d'une douleur ou d'un traumatisme).

Le parc à chiot : si vous avez la chance d'avoir un espace suffisamment grand, le parc à chiot est idéal dans les premiers mois de la vie de votre chien. Comme la caisse de transport, il faut l'y amener de manière positive avec des jouets et objets à mâchouiller pour qu'il ne s'ennuie pas. Cela vous permet de relâcher votre vigilance quant aux diverses « bêtises » potentielles, cela protège le reste de l'appartement face aux « petits oublis » de votre chiot et l'aidera également dans l'apprentissage à la propreté puisqu'il sera confiné dans un espace réduit.

Le parc est également un très bon moyen d'apprendre à votre chiot la solitude (voir p. 66 et 67) et la séparation (voir p. 68 et 69) dès les premiers jours. Un chien qui supporte la solitude et la séparation d'avec ses « maîtres » est une véritable bénédiction pour tout le monde. Cela fait partie des apprentissages indispensables.

Rassurez-vous, si vous n'avez pas de parc, une petite pièce (avec un sol facilement lavable si possible) munie d'une barrière de sécurité bébé conviendra parfaitement. Le but est de pouvoir laisser jouer votre chiot tranquillement sans être toujours sur son dos.

BON À SAVOIR

Plutôt que d'être en permanence en train de sermoner votre chiot quand il fait une bêtise, ne lui donnez pas trop d'occasions d'en faire ! Visualisez votre intérieur à hauteur de chiot et cachez tout ce qui pourrait être à sa portée : journaux, livres, plantes... Ayez une monnaie de forte valeur (friandise au top, jouet couineur...), pour le cas où il s'enfuirait avec votre paire de chaussures préférée !

Ce jouet, à la fois en caoutchouc souple et corde, est très apprécié des chiots.

Les premiers jours

Le grand jour arrive, ça va être le moment d'aller chercher votre petit compagnon. Pour que tout se passe au mieux, **pour vous comme pour lui**, vous devez préparer cette arrivée en anticipant certains points d'intendance avant son entrée dans votre vie. Vous aurez ainsi toutes les cartes en main pour bien gérer son **adaptation** à votre cercle familial.

Quel est le meilleur moment pour aller chercher votre chiot ?

Bien sûr, vous ne pourrez pas aller le chercher avant qu'il ne soit sevré (8 semaines minimum). L'idéal est d'aller le récupérer en fin de semaine et profiter du week-end pour lui consacrer du temps et l'aider à s'habituer à sa nouvelle situation. Prévoyez de le ramener chez vous en journée, pour qu'il puisse prendre un peu ses marques avant la nuit. Cela permettra de diminuer un peu son stress pour la première nuit.

Si vous pouvez prendre quelques jours de congés, c'est encore mieux ! Par contre, faites en sorte d'habituer votre chiot, dès le début et par petites touches, à la solitude pour qu'il ne soit pas perturbé quand vous reprendrez le travail.

ASTUCES !

Pour ses premières nuits chez vous, pensez à lui mettre un objet portant l'odeur de sa fratrie. Vous pouvez également entourer un vieux réveil dans du linge ou une peluche ; le tic-tac aura un effet rassurant pour le chiot. Un collier et un diffuseur à base de phéromones apaisantes peuvent être très utiles (DAP).

Petit rappel : *l'apaisine est une phéromone fabriquée pendant la lactation et libérée après la mise bas.*

Prévoir l'essentiel à son transport

Le grand jour est arrivé, c'est le moment d'aller chercher votre chien. Mais vous n'allez pas partir le nez au vent ! Si vous êtes en voiture, pensez à vous faire accompagner pour que la personne le rassure pendant que vous conduisez, ou mieux ce sera elle qui conduira et vous qui serez auprès de lui. Mais si vous ne pouvez pas vous faire accompagner et que vous êtes en voiture, prévoyez de prendre une caisse de transport ; de même, si vous vous déplacez en transports en commun.

Il se peut que votre chiot subisse un certain stress pendant ce transport, quelle que soit sa durée. En effet, il quittera sa fratrie et n'aura plus aucun repère. De plus, il faudra qu'il s'habitue à des bruits qu'il n'aura jamais ou quasiment jamais entendus, à des odeurs agressives telles que les gaz d'échappement... Bref, il a toutes les chances d'être malade ou d'avoir les sphincters qui lâchent ! Prévoyez des serviettes et des sacs en plastique en cas d'accidents ! Les serviettes microfibre sont très pratiques, car elles sont faciles à nettoyer et sèchent vite et en plus, elles prennent peu de place. Enfin, prévoyez également un bol et de l'eau.

Où le faire dormir ?

Vous pouvez lui attribuer plusieurs endroits dans la maison ; le tout est de lui mettre à chaque fois un

panier, matelas ou coussin confortable et accueillant. Si vous avez fait l'acquisition d'un parc à chiot, mettez-y un des paniers, et un autre dans la pièce à vivre ou dans n'importe quelle autre pièce où votre animal sera autorisé à vous suivre. Le panier, en plus d'être confortable, sera un repère pour votre chiot et le lieu où il sera tranquille.

Les premières nuits

Soit votre petit chiot sera trop inhibé pour oser manifester sa solitude, auquel cas il se rattrapera sûrement les jours suivants, soit vous risquez d'avoir, dès la première nuit, des gémissements et des pleurs dès qu'il se rendra compte qu'on l'a laissé tout seul. De manière générale, il ne faudra pas lui accorder votre attention pendant qu'il pleure, sinon il risquera de recommencer de plus belle puisque cela vous fera venir à lui. Voilà pour la théorie, mais en pratique, la marge de manœuvre est souvent plus restreinte...

Plusieurs scénarios sont possibles. Vous pouvez être chanceux d'avoir un chien qui se calme rapidement et supporte bien de dormir seul, comme vous pouvez tomber sur un « candidat » aux vocalises et hurlements continus, situation difficilement gérable quand on ne vit pas dans une maison isolée de tout voisinage. Que faire si votre chiot ne supporte pas de rester seul ? Vous pouvez envisager de dormir auprès de lui afin que votre présence le rassure, ou amener son panier ou sa caisse dans votre chambre pendant les premiers jours. Et dès qu'il sera plus calme vous éloignerez le panier ou la caisse petit à petit jusqu'à ce qu'il retrouve sa place attitrée. N'oublions pas qu'il vient tout juste d'être séparé de sa mère et de ses frères et sœurs. Il est perdu dans un nouvel environnement, expérience traumatisante pour lui ! Donnez-lui le temps de s'adapter. Une fois qu'il commencera à trouver ses marques, il vous sera plus facile de le faire dormir loin de vous.

Il est important que les lieux de couchage soient situés dans des endroits confortables, mais pas trop isolés pour que le chiot puisse sentir votre présence et soit rassuré. Pour autant, il faudra éviter que les paniers se trouvent sur les lieux de passage, auquel cas il risquerait d'être continuellement dérangé et resterait sur le qui-vive, surveillant vos allées et venues (à ce propos, nous aborderons l'apprentissage de la solitude et de la séparation, voir p. 66 à 69).

Les soins à lui apporter

Votre petit compagnon vient d'arriver chez vous, vous l'avez bien installé, il a un petit ***coin bien à lui*** *et* ***sécurisé****, mais il faut aussi penser à sa nourriture et à sa santé.*

À table !

Il existe plusieurs types d'alimentation pour votre chiot : la ration ménagère, le BARF (*Biologically Appropriate Raw Food*, c'est-à-dire textuellement « nourriture crue biologiquement appropriée »), la nourriture humide en boîte et les croquettes. Là encore, votre choix sera déterminé par le temps et l'espace que vous pourrez consacrer à la nourriture.

Les croquettes : nous nous concentrerons ici sur les croquettes, nourriture pratique, qui convient à tous types de chiots quelle que soit leur taille, et qui reste facile à transporter lors des voyages. Une grande race aura besoin d'un stock conséquent de nourriture, et c'est plus gérable avec des croquettes en sacs de 15/20 kg que des boîtes de pâtées ou un stock de viandes congelées si votre chiot est au BARF.

Lorsque vous choisirez votre marque de croquettes, assurez-vous qu'elles contiennent peu, voire pas de céréales, qui sont moins digestes pour le chien, que la source de protéines soit majoritairement issue de viande, et que le taux des minéraux soit adéquat. Petite astuce : si vous prenez le temps de laisser gonfler les croquettes, il boira en moins grande quantité juste après son repas et cela peut vous permettre de mieux gérer les « sorties-pipi » sans trop d'accidents...

BON À SAVOIR

La ration ménagère : mélange de viandes, de légumes et de féculents (très cuits pour être mieux digérés), auquel il faut rajouter des compléments minéraux. Attention, vous devez respecter certaines proportions afin que votre ration ne soit pas déséquilibrée pour votre chiot. Renseignez-vous auprès de votre vétérinaire ou sur les sites spécialisés.

Le BARF : le chiot est nourri avec de la viande crue et des os charnus ainsi qu'un peu de légumes. À titre indicatif, la ration quotidienne d'un chiot est de 6 % de son poids, à laquelle vous rajouterez une cuillère à soupe de légumes crus. Vous pouvez approfondir la question sur les sites spécialisés.

Les vaccins indispensables

Vaccins et rappels

Affections	Âge de la primo-vaccination	2e injection	1er rappel
Maladie de Carré **C**	À partir de 8 semaines	1 mois après la primo-vaccination	1 an après la primo-vaccination
Hépatite contagieuse **H**	À partir de 8 semaines	1 mois après la primo-vaccination	1 an après la primo-vaccination
Parvovirose **P**	À partir de 8 semaines	1 mois après la primo-vaccination	1 an après la primo-vaccination
Leptospirose **L**	À partir de 8 semaines	1 mois après la primo-vaccination	6 mois ou 1 an après la primo-vaccination
Rage **R**	À partir de 12 semaines		1 an après la primo-vaccination
Toux de chenil **Pi**	Dès 6 semaines en injection	1 mois après la 1re injection	1 an après la 1re injection

Les lettres en gras sont celles que vous retrouverez sur l'étiquette figurant dans le carnet de santé de votre chiot.

Première visite chez le vétérinaire

Que vous l'ayez eu par le biais d'un élevage, d'une animalerie, d'un particulier ou d'une association, votre petit chiot a déjà reçu quelques soins tels que la primo-vaccination et la vermifugation. Vous aurez son carnet de santé dans les documents délivrés par le vendeur. À vous de prendre le relais !

Une première visite chez un vétérinaire est indispensable. D'abord, pour présenter ce nouvel univers à votre chiot, le but étant que cette première visite se passe de la manière la plus agréable possible afin qu'il ne fasse pas de mauvaises associations et vienne aux suivantes en étant décontracté. Mais surtout, pour que votre vétérinaire vérifie l'état général de votre chiot et vous donne tous les conseils nécessaires pour entretenir sa santé : vaccination, vermifugation, traitement antiparasitaire externe (puces et tiques). Lorsque vous traitez votre chiot contre les parasites externes, vous devez également traiter les autres animaux de la famille si vous en possédez. Vous avez plusieurs moyens d'action possible : traitement par pipette, spray, collier et comprimés. Il existe désormais des comprimés appétents qui facilitent la prise du traitement. Soyez toujours vigilant concernant les dosages et renseignez-vous auprès de votre vétérinaire, surtout pour les chiots de tout petit gabarit. Ce sera également l'occasion d'évoquer avec lui la stérilisation éventuelle de votre animal. La vermifugation doit être effectuée tous les mois jusqu'à l'âge de 6 mois.

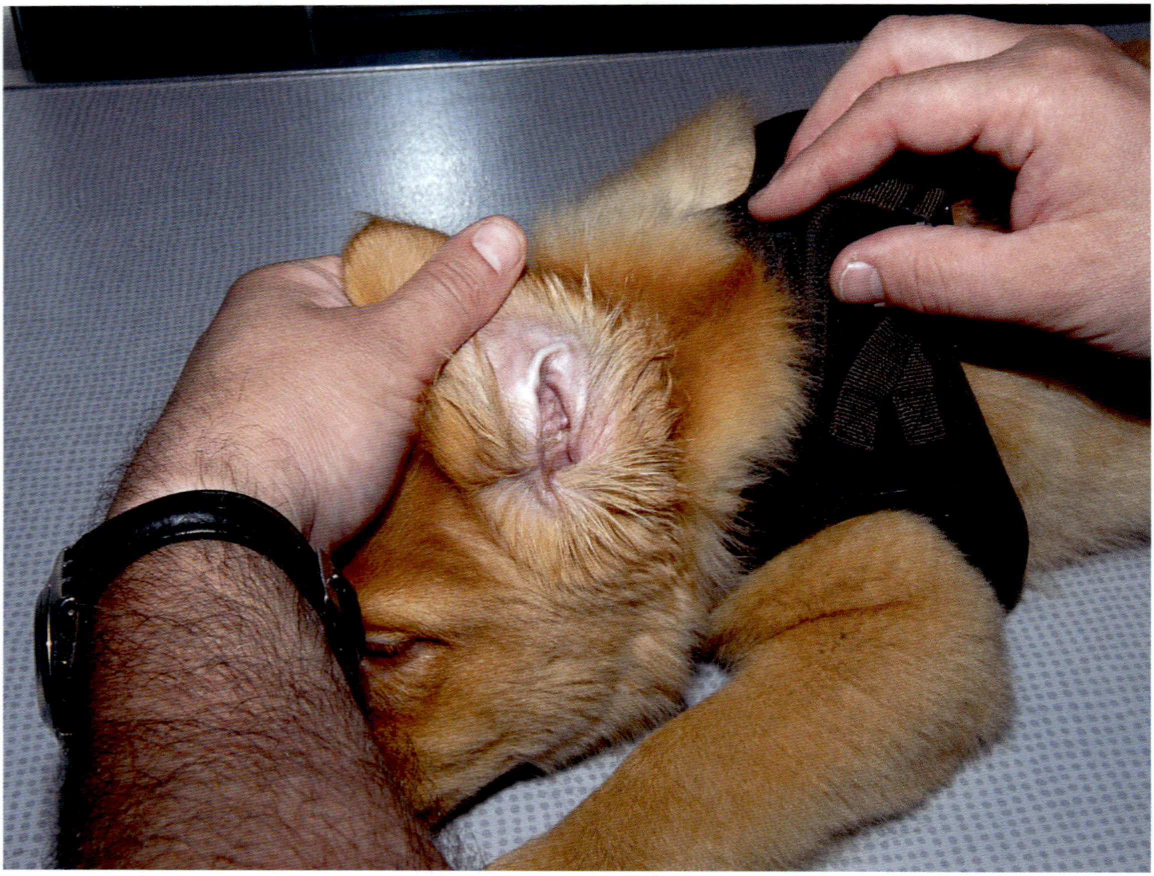

La petite pharmacie de votre chiot

Une solution antiseptique. Vous avez le choix entre plusieurs solutions : iodée, type bétadine, ou à base de chlorhexidine, par exemple.

Du sérum physiologique. Très utile pour rincer une plaie ou un œil.

Des compresses. Idéales pour nettoyer une plaie sans laisser de fibres indésirables, comme le ferait un morceau de coton.

Des bandes autoadhésives ou adhésives, un rouleau de sparadrap. Les autoadhésives sont un peu plus simples d'utilisation, car elles n'arrachent pas les poils lorsqu'on les enlève. Si vous devez faire un pansement avec une bande adhésive, entourez toute la partie à panser avec une compresse avant de la mettre et ne la faites coller que sur une petite bande de poils. Cela évitera une trop grande douleur au moment de retirer le pansement.

Une pince à tiques. Permet de retirer la tique sans douleur pour votre animal ; cela marche aussi pour les humains.

Une pince à épiler. Très pratique pour retirer un corps étranger d'une plaie.

Des seringues. Elles sont très utiles pour aider à nettoyer une plaie ou à administrer un médicament sous forme liquide.

Du Smecta®. En cas de selles liquides.

Un thermomètre. La prise de température se fait par l'anus avec un thermomètre digital. Il existe maintenant des thermomètres souples conçus pour ne pas blesser l'animal. La température moyenne d'un chien est de 38,5 °C. Si vous avez un doute sur la santé de votre animal, une des premières choses à faire sera de lui prendre sa température. Ce sera une information précieuse au moment où vous appellerez le vétérinaire.

Une paire de ciseaux à bouts ronds. Plus malléable pour le toilettage, évite des risques de blessure.

Une boîte de gants en latex. Pour l'hygiène des soins.

Des bottines en néoprène. Elles permettent de protéger le pied de votre chiot en cas de blessures aux coussinets. À ce propos, soyez particulièrement vigilant l'hiver si vous habitez en zone urbaine. Les produits antigel et le sel sont très agressifs pour les coussinets des chiens.

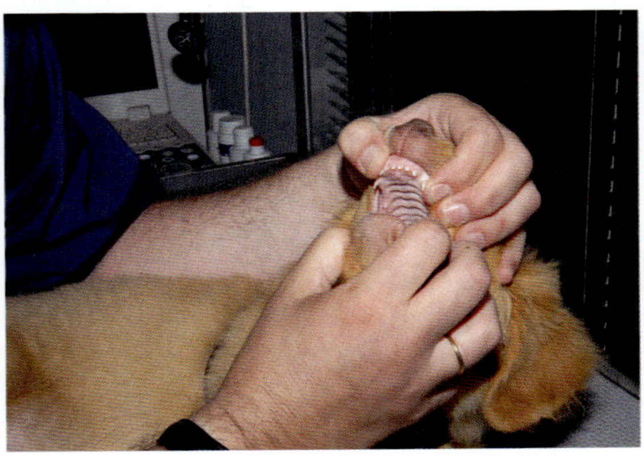

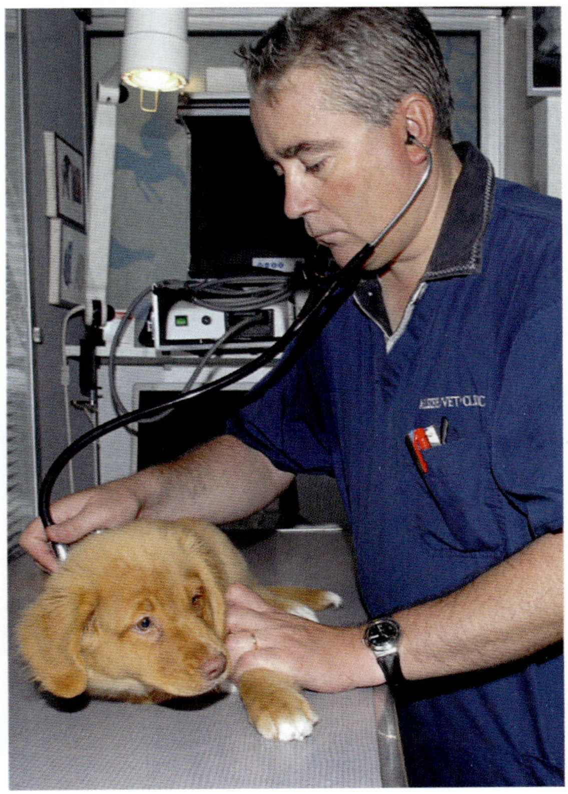

Le coffre à jouets

Ils sont indispensables pour le bon développement de votre chiot. Ils contribuent à l'**occuper**, l'**éveiller**, lui donnent la possibilité de **satisfaire ses besoins instinctifs de mâchouiller, déchiqueter** (vous serez soulagé de pouvoir échanger vos chaussures contre son jouet préféré !). C'est également le moyen de partager des **moments de complicité** en jouant avec lui et de mettre en place des interactions stimulantes.

Une grande diversité !

Vous trouverez toutes sortes de jouets sur le marché : les distributeurs de friandises, les jouets à mâcher, les peluches avec et sans « pouic-pouic », les balles et autres jouets en caoutchouc qui rebondissent, les jouets flotteurs, les jeux de stratégie... Le choix est vaste autant bien pour leur utilité que pour leur aspect !

Les peluches sont vraiment très appréciées et peuvent servir de doudou à votre petit (e) protégé(e). Préférez les peluches dites « plates », sans bourre à l'intérieur, pour éviter de mauvaises surprises, et de manière générale, écartez tous les jouets trop petits par rapport à la gueule de votre chiot pour limiter les risques d'étouffements. De même, pour un chien « destructeur », adaptez avec un jouet solide.

Les jouets distributeurs sont de très bons jouets d'occupation, qui ont pour fonction de libérer des friandises ou des croquettes lorsque votre chiot les fait rouler ou basculer. Plus

Le choix des jouets ne sera pas le même pour un Dogue allemand que pour un Pinscher nain ou un Yorkshire.

BON À SAVOIR

Que vous lanciez une balle ou un frisbee, attention à la hauteur de votre lancer ! Votre chiot est peut-être un sportif qui s'ignore, mais son squelette n'est pas encore consolidé. Évitez les gros efforts !

les friandises ou les croquettes seront grosses (sur certains jouets distributeurs, vous pouvez régler la grosseur des trous), plus cela demandera de la persévérance de la part de votre chien. Attention toutefois à la matière qui les constitue, les rendant plus ou moins lourds et bruyants... Pensez aux voisins du dessous !

Les jouets sonores ou couineurs n'ont d'inconvénients que leur bruit et leur vulnérabilité face à une mâchoire destructrice ! Mais la plupart des chiens en raffolent au risque même d'en devenir « addicts » ! À vous de voir jusqu'où ira votre tolérance ou celle de votre entourage.

Les balles : évitez les balles de tennis dont le revêtement est abrasif pour les dents des chiens. Vous avez le choix entre des balles flottantes, des balles qui sont conçues pour s'adapter à un lanceur manuel ou mécanique, des balles sifflantes, des balles phosphorescentes, bien pratiques à la tombée de la nuit... Faites-vous plaisir !

Vous pouvez également jouer à **« tu tires, je tire »,** les chiots adorent ! Mais, comme pour n'importe quel jeu, faites attention à l'attitude de votre chiot et pensez à arrêter le jeu avant que l'excitation soit à son paroxysme ! Prenez

ASTUCES !

Si votre chiot est trop gourmand ou que vous craignez de lui donner trop de friandises, voici un moyen d'éviter les excès : achetez un petit flacon « roll-on » ; vous en trouverez dans les magasins ou sur les sites qui vendent de quoi faire ses cosmétiques soi-même. Remplissez-le avec une préparation à base de sardines, de thon ou de viande, mélangée à de l'eau, une pincée de levure de bière (facultatif) et un peu d'algues épaississantes pour obtenir une certaine consistance. Enfin, fermez votre flacon et agitez-le bien avant de le présenter à votre chiot. Il comprendra très vite comment faire tourner la bille et vous aurez ainsi la possibilité de le récompenser très souvent avec un minimum de calories.

un jouet ou un objet spécifique pour ce genre d'activité afin d'éviter que votre chiot s'habitue à tirer avec tout et n'importe quoi (surtout avec vos vêtements !). Pour les jeux de traction ou de rapport, apprenez-lui à donner ou à lâcher l'objet, vous joindrez ainsi l'utile à l'agréable. Tous ces moments de jeux seront aussi de formidables moments d'éducation. Votre chiot sera à la fois très réceptif et très motivé puisque le renforçateur sera le jeu en lui-même.

Le Kong® classique : ce petit jouet ventru est idéal comme jouet éducatif. Vous pouvez le farcir de pâtées ou de friandises. Il vous aidera à garder votre chiot occupé.

Idées recettes ludiques

Le Kong® des beaux jours (photo ci-contre), pour rafraîchir votre chiot pendant les longues journées d'été !

Ingrédients :
Un yaourt, une boîte de sardines, deux morceaux de fromage ou de viande pour obstruer les ouvertures du Kong® et le tour est joué !

Mixez ou écrasez les sardines dans le yaourt. Placez un des deux morceaux de fromage ou de viande au fond du Kong® de façon à empêcher le yaourt de couler par le haut. Ensuite, remplissez-le avec le mélange de yaourt et sardines. Vous pouvez également y glisser quelques surprises (petits bouts de fromage, viande, fruits ou biscuits), et refermez-le avec le deuxième morceau de fromage ou de viande prévu à cet effet.

Placez le Kong® au congélateur et sortez-le 15 minutes environ avant de le donner à votre chiot. Cela lui fera une magnifique glace qui l'occupera pendant un bon moment !

Le Kong® du quotidien : vous pouvez également remplir le Kong® avec une ration de croquettes ou le farcir avec de la pâtée (viande majoritaire, de préférence), ou toute autre chose qu'aime votre chiot. Le séjour au congélateur n'est pas indispensable, bien sûr, mais c'est un bon moyen de garder votre petit compagnon occupé sur un long moment et de l'aider dans son apprentissage.

Soyez créatif !

Le bénéfice des jouets

Les jouets sont indispensables pour occuper votre chiot pendant vos absences, pour l'aider à supporter la solitude ou la séparation et pour le stimuler mentalement.

◄ La chaussette reste un grand classique !

Ici, June satisfait son besoin de mâchouiller.

Le parc est aussi un lieu de jeux.

Voici un exemple de jeu de stimulation mentale.

June doit trouver les friandises cachées dans les boîtes.

Les lacets, un autre grand classique du genre pour jouer à « tu tires, je tire ! »...

... Mais rien ne remplace la douceur d'un doudou.

Les apprentissages

Communication et autocontrôles

Dès l'âge de 3 semaines, le chiot commence l'apprentissage de la communication grâce au jeu avec ses frères et sœurs. Ce **langage intraspécifique** permet à chaque individu de trouver sa place au sein du groupe et l'éclaire sur le rôle qu'il a à jouer. Il simplifie les interactions entre congénères chiots et adultes. Il est indispensable à la bonne **cohésion sociale du groupe** et à la **socialisation** du jeune chien. Il s'établit, entre autres, à travers différentes **postures** : appel au jeu, soumission, dominance, mais aussi grâce aux signaux d'apaisement.

Les autocontrôles initiés par la mère

Ils sont à la base de toute éducation et commencent avec l'apprentissage de la mère et grâce aux interactions avec la fratrie et les autres congénères.

Les principaux autocontrôles que le chiot va acquérir au cours des premières semaines passées avec sa mère sont **le contrôle des mouvements,** et notamment celui de la mâchoire, qui est très important dans **l'apprentissage de l'inhibition à la morsure** et **le contrôle de la prise de nourriture.** Au fil des semaines, la mère va volontairement immobiliser son chiot ; elle attendra qu'il se calme et se mette en position de soumission avant de le relâcher. Par la suite, ces temps d'immobilité seront de plus en plus longs. La mère va également instaurer une limite aux tétées. En grandissant, le chiot renforcera tous ces contrôles.

Plus la mère est « bonne enseignante » et plus la fratrie est importante, plus les chances de réussir l'apprentissage pour le chiot sont grandes. Au contraire, si la mère est déficiente et/ou que la portée est petite, voire que le chiot est unique, il faudra que l'éleveur remplace ou soutienne la mère. Par la suite, la famille aura elle aussi plus de travail.

▲ Une mère exerçant son contrôle sur son chiot.

▲ Les jeux entre congénères restent des moments clés où le chiot se construit.

La communication avec vous

Une fois arrivé chez vous, le chiot va tenter de communiquer avec vous de la même façon qu'avec ses congénères. Mais, en tant qu'humain, nous sommes beaucoup plus sensibles à la communication verbale que gestuelle, ce qui amène inévitablement à des quiproquos. En effet, il n'est pas rare de voir un chiot s'asseoir ou se coucher en réaction à une gestuelle, souvent involontaire de votre part, plutôt qu'en réaction au mot énoncé. Or, le jour où, pour une raison ou une autre, vous ne donnerez pas **le repère visuel habituel,** votre chiot ne réagira pas ou mal, et vous penserez qu'il vous désobéit. Il n'en est rien. Simplement, il n'aura pas perçu son signal, donc il n'y aura pas répondu.

▲ Se mettre sur le dos face à un plus grand ou un plus fort indique qu'on ne cherche pas le conflit.

Petite histoire

La communication interspécifique est plus délicate et peut être sujette aux mauvaises interprétations.

Il y a quelque temps, je travaillais avec Monsieur C et son petit chien Igor. Tous deux étaient très assidus et les progrès étaient au rendez-vous. Un jour, Monsieur C m'appelle : « Agnès, je suis bien embêté, Igor ne se couche plus quand je lui demande. Pensez-vous qu'il puisse avoir oublié ? ».

Après avoir analysé la situation, il s'est avéré que Monsieur C avait une sciatique à ce moment-là et ne pouvait pas bouger comme à l'accoutumée. Je suis passée chez lui pour vérifier mon hypothèse, et en effet il suffisait que je me penche légèrement en avant sans dire le mot « couché », pour qu'Igor se couche aussitôt ! Par contre, si je disais le mot en restant très droite, il ne savait plus quoi faire. Il n'avait pas oublié bien sûr ! Mais il ne trouvait plus son repère. Vous devez faire très attention à rester le plus neutre possible dans votre attitude. Plus vous donnez de repères visuels à votre chiot, moins il se concentrera sur le mot que vous employez.

Bien évidemment, vous pouvez préférer **communiquer par gestes,** mais il faut juste que ce soit volontaire de votre part et non le fruit d'un curieux hasard. Vous pouvez également habituer votre chiot à **réagir au son de la voix et au geste.** Dans ce cas-là, il vaut mieux mettre l'accent sur le mot au départ, puisque le geste sera plus facile à apprendre pour lui. Pour **une bonne communication interspécifique,** il faudra que votre chiot apprenne des mots et comprenne votre gestuelle et que vous appreniez à décoder votre chiot à travers, entre autres, les signaux d'apaisement (voir page ci-contre).

Les signaux d'apaisement

Ils sont un langage non verbal émis par votre chiot pour **indiquer une peur, un stress, un inconfort ou pour réagir à un état émotionnel induit par son environnement.** Il va émettre ces signaux aussi bien avec ses congénères qu'avec d'autres espèces dont nous-mêmes, les humains. La connaissance de ces signaux va vous aider à décoder votre chiot. Savoir les reconnaître vous aidera à mieux comprendre ses réactions et vous permettra d'éviter également certaines situations désagréables pour lui comme pour vous ou de modifier votre attitude en fonction de ce qu'il vous montrera. Par exemple, évitez une interaction avec un congénère lorsque votre chiot vous montre de sérieux signes d'inconfort.

Voici les principaux : détourner les yeux, la tête, se lécher la truffe, bâiller, cligner des yeux, avancer lentement, avancer en courbe, lever la patte avant, se gratter, renifler au sol, s'asseoir ou se coucher, faire la position d'appel au jeu... Attention cependant à la surinterprétation ! Ce n'est pas parce que votre chiot va se gratter ou renifler au sol qu'il sera systématiquement en état de stress ! Il faudra prendre en compte le contexte.

▲ **Ici, lever la patte n'a rien d'un signe d'inconfort.**

Les principaux signaux d'apaisement

Ils permettent aux chiens de communiquer entre eux, et par extension à votre chiot de communiquer avec vous. Attention, ces mêmes signaux ont plusieurs sens qu'il faut savoir décrypter selon la situation : votre chiot peut bâiller parce qu'il est tout simplement fatigué ou parce qu'il est inquiet.

Les apprentissages du quotidien

Lorsque votre chiot arrive à la maison, il n'a aucune idée de ce que va être **sa vie avec vous**, de **ce que vous attendez de lui** ; un peu comme si vous vous trouviez dans un environnement où la culture, les traditions et la langue vous étaient complètement étrangères. Il va donc falloir l'amener patiemment vers les comportements que vous souhaiteriez qu'il ait : ne pas sauter sur les gens, ne pas mordre, ne pas gratter à la porte ni faire pipi partout, ne pas grignoter vos chaussures ni les pieds des meubles, rester dans son panier... Et plus la famille sera nombreuse, plus vous devrez être vigilant sur **la cohérence de vos attitudes face aux comportements du chiot** !

La bonne attitude

Beaucoup de choses vont se travailler au quotidien sans exercices particuliers, mais avec une réponse de votre part et de celle de la famille toujours cohérente.

➲ Pour apprendre à votre chiot à rester seul dans son panier, par exemple, vous l'aiderez en lui donnant une friandise à mâcher qu'il ne pourra garder que s'il reste dans son panier. Dès qu'il sortira du panier avec sa friandise, vous le ramènerez en douceur et en répétant les mots « dans ton panier » ou ce qui vous vient naturellement, mais **toujours le même mot, une fois que vous avez défini lequel employer ;** et vous répéterez jusqu'à ce que votre chiot comprenne. Si au bout d'une dizaine de répétitions il n'y a pas d'amélioration, vous retirerez la friandise. Vous recommencerez l'exercice un peu plus tard, et de la même manière, jusqu'à ce que votre chiot comprenne que s'il ne reste pas dans son panier, il n'a plus son os à mâcher.

➲ Lorsque votre chiot vous saute dessus pour avoir des câlins, retournez-vous, bougez les jambes de façon à le déséquilibrer et le faire redescendre, et dès qu'il est par terre, caressez-le en essayant de le maintenir au sol pour ne pas qu'il vous ressaute dessus.

➲ Si votre chiot saute sur tout le monde quand vous le promenez dans la rue, demandez aux gens de reculer afin que le chiot ne puisse pas les atteindre ; de votre côté, vous veillerez à ce que la laisse soit suffisamment courte pour qu'il ne puisse pas aller au bout de son comportement. Il est préférable de faire cet exercice avec des amis à vous ! Ensuite, dès que le chiot est au sol, la personne se rapproche un peu, mais dès qu'il fait mine de prendre son élan pour lui sauter dessus, la personne recule et ainsi de suite jusqu'à ce que le petit comprenne que s'il reste par terre, les caresses arriveront plus vite que s'il saute.

➔ Votre chiot réclame à table : une des premières règles de base est de ne jamais donner de nourriture à votre chiot ni de le laisser se coucher sous la table pendant que vous mangez, même s'il est sage. Si vous souhaitez lui donner un reste, attendez la fin du repas et donnez-lui dans son panier. Dans le cas contraire, il suffira de trois ou quatre fois pour que le chiot se dise que lorsque vous êtes à table, c'est un festin pour lui également. Dès lors, si vous ne lui proposez plus rien, il va gémir, sauter sur vos jambes pour se faire remarquer et, inévitablement, obtiendra un petit bout de quelque chose pour rester calme, et vos repas deviendront vite un petit enfer domestique. Au moment du repas, soit vous avez la possibilité de laisser votre chiot dans son panier et qu'il y reste, soit vous le mettez dans une pièce à part pour qu'il n'ait pas l'occasion de venir réclamer à table. **Attention au chiot sous la table :** certains ont tendance à s'approprier la nourriture qui tombe sous la table et peuvent devenir réactifs par la suite si on cherche à la ramasser.

➔ Votre chiot n'arrête pas d'aboyer : sachez que si certaines races sont plus aboyeuses que d'autres, c'est avant tout votre comportement qui va influencer votre compagnon. La plupart du temps, votre premier réflexe, lorsque vous entendrez votre chiot couiner ou aboyer, sera de le regarder et de lui parler et éventuellement de le prendre dans vos bras pour le calmer un peu comme on bercerait un bébé en pleurs. Surtout n'en faites rien, vous auriez tout faux ! N'oubliez pas qu'un chiot sera récompensé de ses agissements en fonction des réponses qu'il aura. Ici, après son aboiement, il obtiendrait une triple marque d'attention, regard, paroles et caresses. Nul doute que pour lui, ce comportement vaudrait un jackpot et qu'il s'intensifierait en conséquence. Pour éviter cela, apprenez-lui à stopper ses aboiements. Prononcez le mot qui vous vient naturellement à l'esprit (« Chut, tais-toi, ça suffit... »), et récompensez-le dès qu'il arrête d'aboyer ; profitez-en pour lui donner l'occasion de faire autre

Photo 1 : **évitez que votre chiot saute sur les gens.**

Photos 2 à 4 : **captez l'attention de votre chiot et récompensez-le pour sa bonne attitude.**

chose, lancez-lui une balle, faites lui faire un petit exercice pour qu'il oublie le stimulus qui l'a fait aboyer.

Si malgré tous vos efforts, votre chiot continue d'aboyer, quittez la pièce sans qu'il puisse vous suivre ou, dans la pire des situations, enfermez-le dans la salle de bains ou les toilettes jusqu'à ce qu'il se calme. Il n'y a pas pire punition pour un chiot que l'isolement. Toutefois, quoi que vous fassiez, gardez votre calme ; plus vous crierez après votre chiot, plus il montera en état d'excitation.

➲ Votre chiot et le canapé, les fauteuils du salon : faut-il interdire à votre chiot de monter sur les fauteuils ou le canapé ? Tout dépend de ce que vous attendez de lui par la suite et, accessoirement, de la taille que fera votre chien une fois adulte. Si votre souhait est d'avoir votre chien près de vous quand vous regardez la télévision ou que vous lisez tranquillement sur le canapé, par exemple, laissez-le alors monter. Le tout est de pouvoir le faire descendre et le garder au sol quand vous le désirez et non pas quand lui le décide ! Ce sera toujours à vous de donner ou pas l'autorisation à votre chiot. Ce sera la même chose pour la question de la chambre à coucher. **Dites-vous que rien n'est interdit tant que vous avez le contrôle de la situation.**

➲ Votre chiot mordille tous vos vêtements : pour commencer, évitez de mettre des vêtements avec des ornements qui pendent, et autres décorations, faites attention aux ceintures de vos vestes et manteaux, aux écharpes et cravates... Ensuite, dès que votre chiot a pris un bout d'étoffe en gueule, ne vous agitez pas, il ne ferait que tirer davantage ! Prenez calmement sa tête et insérez vos doigts à la commissure des lèvres pour lui faire ouvrir la gueule, faites-lui lâcher le vêtement en superposant le mot « lâche » à votre action et donnez-lui rapidement l'occasion d'aiguiser ses petits crocs sur un de ses jouets.

➲ Votre chiot détruit tout lorsque vous le laissez seul : la plupart des destructions sont dues au stress qu'engendre la solitude. Il faut donc mettre en place des exercices pour apprendre au chiot en quoi elle consiste et lui donner les moyens de s'occuper pendant votre absence (voir p. 66 et 67). **Comme pour l'apprentissage de la propreté, il est important de ne pas nettoyer devant lui les bêtises qu'il a faites.** Restez neutre lorsque vous rentrez, malgré les dégâts que vous constaterez, mettez le chiot hors de vue et nettoyez.

➲ Votre chiot a peur de l'aspirateur : beaucoup de chiots ont peur de cet « instrument infernal ». La forme est curieuse, ça fait un bruit très aigu qui heurte les oreilles et ça souffle comme un animal en colère, difficile de rester stoïque ! Pour améliorer la situation, habituez votre animal à voir cet objet dans différentes pièces de votre intérieur sans que le moteur soit en marche ; au besoin, vous pouvez également enlever le flexible qui sera déposé ailleurs... L'essentiel est que ces différentes parties perdent tout intérêt pour le chiot. Une fois qu'il ne s'y intéresse plus, vous pouvez recomposer l'aspirateur mais toujours sans le son, vous le laissez dans une pièce puis vous le « baladez » d'une pièce à l'autre. Lorsque votre chiot s'en désintéresse, vous le mettez en marche dans une pièce éloignée et vous jouez avec lui pour qu'il ne s'occupe pas du son... Faites travailler votre imagination pour inventer d'autres situations et enchaînez-les jusqu'à ce que vous puissiez passer l'aspirateur sans que cela pose problème.

➲ Votre chiot apprend à lâcher le jouet : la plupart des chiots ont du mal à lâcher leurs jouets, ce sont des ressources de grandes valeurs pour eux. Pour cet apprentissage, vous pouvez vous servir du jouet préféré, ou d'une friandise. Au départ, il s'agit d'un échange : « Lâche ton jouet, j'en ai un autre encore mieux pour toi » ou « Lâche ton jouet et tu auras une super friandise ». Dites le mot « Lâche » dès que votre chiot ouvre la gueule et laisse tomber son jouet. Il arrive parfois que le chiot lâche le jouet mais ressaute dessus en voyant votre main s'en approcher, dans ce cas-là cessez toutes interactions avec lui ; s'il veut jouer avec vous, il faut qu'il accepte les règles. Nous verrons dans le chapitre consacré à la méthode du clicker-training (voir p. 108 à 119) comment travailler certains ordres de base. Ce sera également l'occasion d'affiner l'exercice du « Lâche » pour aller vers le « Donne ».

Photo 1 : **ce qu'il ne faut pas faire, tirer sur la laisse pour faire venir le chien.**

Photos 2 et 3 : **ce qu'il faut faire, encourager le chiot à venir de lui-même.**

➲ Votre chiot apprend la marche en laisse : il ne connaît pas la laisse ni le collier ou le harnais, sauf si l'éleveur a commencé cet apprentissage avec lui. Il faut donc l'habituer à porter un collier ou un harnais, tout d'abord sans la laisse pour éviter de mettre de la tension au niveau du cou ou de l'avant-main si le chiot est en harnais. Le harnais est beaucoup plus confortable pour le chiot, car il ne subira pas de tension au niveau du cou et ne connaîtra pas cette sensation d'étranglement que procure le collier lorsqu'il appuie sur la trachée. Choisissez un harnais souple et confortable qui ne blessera pas le chiot ; préférez des surfaces larges plutôt que les fines lanières qui pour être esthétiques n'en sont pas moins inconfortables pour la plupart.

Vous pouvez commencer l'apprentissage de la marche en laisse en intérieur. Récompensez votre chiot dès qu'il fait un ou plusieurs pas sans que la laisse ne se tende ; au besoin, accroupissez-vous pour lui donner envie de vous rejoindre et travaillez sur de courtes périodes. Il va rapidement s'habituer à cette drôle de chose, il vous sera alors plus facile de commencer les exercices en extérieur. La première étape consiste à récompenser le plus souvent possible votre chiot dès qu'il avance vers vous ou qu'il vous suit. Évitez de le leurrer, en lui mettant une friandise devant le museau pour le faire avancer, vous finiriez par passer votre temps à quatre pattes ! La friandise n'arrive qu'en guise de récompense, lorsque le chiot a effectué quelques pas. Une fois que cette étape est franchie et qu'il s'est familiarisé avec la laisse à l'extérieur, commencez à lui apprendre les bons codes pour une bonne marche. Maintenez-le d'un même côté, pour éviter qu'il ne se retrouve constamment dans vos jambes, gardez les jambes bien ancrées au sol, n'accélérez pas le mouvement dès que votre chiot tire, au contraire, freinez le mouvement, au besoin faites demi-tour et récompensez-le s'il ne tire plus. **Stimulez votre chiot à vous suivre, soyez plus attractif que l'environnement !** Un chiot qui s'ennuie trouve très vite mille et une choses à faire et faire attention à vous ne fera plus partie de son programme !

➲ Votre chiot apprend le rappel : tout comme l'apprentissage de la laisse, les débuts du rappel peuvent se faire dans la maison. Dans un premier temps, accroupissez-vous non loin de votre chiot et faites des petits

▲ Ici, deux personnes appellent le chiot à tour de rôle. À chaque arrivée, ce dernier reçoit une récompense.

bruits de bouche et/ou bougez les doigts au sol pour lui donner envie de se rapprocher de vous. Dès qu'il arrive, donnez-lui une petite friandise et recommencez plusieurs fois de suite. Dites son nom suivi du mot « Viens » ou tout autre verbe que vous auriez en tête. **Il est important de ne pas juste appeler votre chiot, mais de mettre également une idée d'action derrière son nom.**

Au quotidien, dès que vous le pouvez, appelez votre chiot et récompensez-le dès qu'il vient. Par la suite, lorsqu'il aura progressé, vous ne récompenserez que les meilleurs rappels ; les plus rapides, ceux réalisés avec des distractions... Faites également des petits exercices avec tous les membres de la famille ou vos amis. Par exemple, une personne tient légèrement le chiot au sol, l'autre personne l'appelle et le récompense dès qu'il arrive. Vous échangez les rôles, la personne vers qui le chiot est allé le retient et l'autre l'appelle et ainsi de suite, le tout dans une ambiance ludique et en mettant de plus en plus de distance au fil de l'apprentissage. Vous pouvez également faire ça avec toute la famille à l'intérieur en fonction de la place dont vous disposez ou à l'extérieur ; vous vous mettez en cercle, assez espacés les uns des autres, et vous appelez votre chiot à tour de rôle. **Comme pour tout exercice, pensez à arrêter pendant qu'il est encore pleinement motivé**. Une fois qu'il commence à bien connaître son nom et qu'il vient facilement lorsque vous l'appelez, cachez-vous pour le stimuler encore davantage et montrez-lui de la joie lorsqu'il vous retrouve !

ASTUCES !

Évitez de le nommer quand vous le reprenez, mais dites son nom à chaque fois qu'il fait quelque chose de bien. De cette façon, son nom sera toujours associé à des interactions positives !

Apprentissage de la marche en laisse

Elle n'est pas systématiquement une marche au pied ; c'est une marche calme où la laisse reste souple et où le chiot reste à l'écoute de son « maître », sans la contrainte d'un collier qui étrangle ou d'une laisse qui imprime des saccades pour obtenir de l'obéissance.

▲ Soyez attentif à votre chiot, donnez-lui envie d'être avec vous ! Ici, Agnès Matthys travaille avec Pin's.

▲ Le clicker permet de récompenser tous les moments où la laisse est détendue, où votre chien vous regarde...

▲ Je vais plus vite, elle trottine et reste à mon niveau.

▲ Pin's apprend à se caler sur mes pas, elle est attentive au mouvement de mon corps.

▲ Je m'arrête, elle s'arrête.

Apprentissage de la marche sans laisse

Tout comme la marche en laisse, la marche sans laisse nécessite une très bonne complicité avec son chiot. Vous pouvez commencer très tôt pour peu que l'environnement s'y prête et vous servir ainsi du suivi naturel du chiot.
Développez et entretenez votre complicité par des regards bienveillants, des friandises ou des jouets qui récompensent les bons comportements, intégrez des moments de totale liberté, des rappels ludiques… L'essentiel étant que vous soyez plus intéressant que toutes les stimulations extérieures. Soyez créatif !

Ici, Aurélie maintient un lien invisible en continuant de communiquer avec Lulu. Elle n'a plus besoin de la récompenser systématiquement car elles ont un bon entraînement à leur actif.

Votre chiot et les enfants

Avoir un chiot est **source de jeux** pour l'enfant, mais on peut facilement arriver à une situation de dérive lorsque les interactions ne sont pas cadrées.

Informez vos enfants sur les comportements d'un chiot de manière générale

Même le plus gentil des chiots peut réagir brusquement s'il se sent prisonnier d'une situation qu'il ne sait pas analyser ou le rend mal à l'aise (gros câlins entre les bras de l'enfant, par exemple), s'il se sent menacé (enfant qui se penche au-dessus de lui, au-dessus de son panier...), s'il pense qu'on va lui voler sa nourriture... Par ailleurs, le chiot peut bousculer votre enfant ou le griffer pendant le jeu, lui grogner dessus... Pour éviter cela, il faut toujours surveiller les échanges entre chiot et enfant(s), apprendre au chiot à bien se comporter avec l'enfant et apprendre à l'enfant comment fonctionne le chiot, quel est son langage (signaux d'apaisement) et quelles sont les limites à ne pas dépasser.

IDÉE REÇUE !

Mon chien aime bien que l'enfant lui tire les oreilles ou la queue puisqu'il ne dit rien.

FAUX. Ce n'est pas parce que le chiot « ne dit rien » quand on lui tire les oreilles, les poils ou la queue qu'il apprécie cela. Petit à petit, son seuil de tolérance risque de s'amoindrir, l'amenant alors à manifester son inconfort par un retroussement des lèvres et des grognements...

Il y a des petites règles à connaître lorsqu'on partage la vie d'un chien : ne pas le surprendre dans son sommeil, éviter de se pencher au-dessus de lui ou d'aller l'embêter dans son panier, lorsqu'il mange ou ronge un os, ne pas le porter continuellement, respecter ses temps de repos... Évitez aussi de laisser votre enfant seul avec votre chiot sans surveillance. Tous les deux ont besoin d'être canalisés. Votre rôle sera déterminant : faire comprendre aux enfants que le chiot n'est pas une peluche, garder à l'esprit que le chiot peut mal vivre certaines situations même s'il ne dit rien (signaux d'apaisement) et lui montrer les limites, en arrêtant toutes les interactions s'il n'a pas le comportement adéquat, comme l'inhibition à la morsure.

La technique de l'arbre mort : lorsque votre chiot s'intéresse de façon trop poussée aux pieds ou aux jambes de votre enfant, ce dernier peut adopter l'attitude de l'arbre mort, c'est-à-dire arrêter complètement de bouger, rentrer les mains pour que le chiot ne saute pas

Ce qu'il ne faut pas faire !

Ne pas courir et crier après le chiot.

Ne pas tirer la queue ou les oreilles du chiot.

Ne pas coller son visage trop près du chiot.

Ne pas prendre le chiot pour un jouet.

Ne pas serrer le chiot dans ses bras.

Ne pas déranger le chiot qui dort.

Ne pas approcher le chiot qui mange.

après elles et devenir aussi inintéressant qu'un poteau. Bien souvent, le chiot se désintéressera de l'enfant pour retrouver un jouet plus rigolo. Si cette technique ne suffit pas à calmer les ardeurs de l'animal, votre enfant peut s'enfermer dans une autre pièce pour que le chiot ne l'atteigne plus ou vous enfermez le chiot dans la salle de bains ou les toilettes pour l'isoler un peu le temps qu'il se calme.

Pour une bonne communication : prévoir des interactions agréables, ludiques et courtes entre l'enfant et le chiot, ne pas prendre le chiot pour un jouet, respecter son intégrité, ses temps de repos, repas, jeux... Un très jeune enfant n'a pas conscience de l'importance capitale de ces règles, c'est donc aux parents d'être vigilants et de faire une double éducation, celle du chiot mais aussi celle de l'enfant.

BON À SAVOIR

Ne punissez pas un chien qui grogne, c'est le seul moyen dont il dispose pour vous faire comprendre qu'il y a un malaise. Au contraire, il est primordial que le chiot vous prévienne ; à partir de là, vous chercherez à déterminer la cause du problème pour le corriger. Si vous n'y arrivez pas seul(e), faites-vous aider par un(e) professionnel(le) pour pouvoir agir au mieux.

Comment reconnaître un chiot qui n'est pas à l'aise dans une situation donnée

Il cherche à fuir ou à éviter la situation. Il subit la situation, mais devient tendu. C'est une attitude que l'on observe souvent lors des câlins, par exemple.

Le chiot émet des signaux d'apaisement (détourne la tête, se lèche la truffe, renifle au sol...) lorsqu'on s'approche pour le caresser.

Le chiot grogne dès que l'enfant veut le porter, ou dès qu'un enfant l'approche...

Comment aider le chiot à être à l'aise

Pour l'aider, associez vos enfants à quelque chose de positif pour votre chiot : jouets ou friandises, distribution du repas, sorties... tout ce que votre chiot aime faire ou avoir. Vous pouvez également faire de petits exercices incluant vos enfants et le chiot en lui apprenant des tours qui seront récompensés soit par une friandise soit par un jouet qu'il adore. **Attention :** lorsque les jouets rentrent dans la catégorie des récompenses, il faut s'assurer que l'on peut les récupérer facilement.

N'oubliez jamais que le succès d'une bonne éducation passe par la motivation de votre chiot à bien faire.

Attention au langage corporel !

L'enfant s'agite pour faire fuir le chien.

Le chien ne comprend pas le langage corporel de l'enfant et l'interprète à sa manière.

La technique de l'arbre consiste à rester immobile pour que le chien se désintéresse de vous.

Lui apprendre la propreté

Un des premiers apprentissages indispensables à mettre en place est celui de la propreté. Malheureusement, cela peut rapidement devenir un casse-tête si l'on n'a pas **les bons réflexes**. Voici quelques règles de base qui vous aideront à franchir cette étape avec succès.

De sa fratrie à chez vous

Au tout début de son existence, c'est la mère qui déclenche le réflexe périnéal du chiot (réflexe permettant d'émettre les mictions), en lui léchant le ventre et la région périanale, et elle ingère les excréments de ses petits. Ce réflexe va persister jusqu'au 28e jour environ. Par la suite, le chiot va pouvoir se débrouiller seul. À partir du moment où il est en capacité de marcher et de s'éloigner un peu de son lieu de couchage, sa mère va lui apprendre à faire ses besoins au loin.

Pour le chiot, le « concept de la propreté » consiste alors à ne pas faire ses besoins là où il dort et là où il mange, dans la mesure du possible (d'où l'intérêt de respecter certaines règles dans les élevages pour que les mères et leurs petits aient suffisamment de confort et d'espace pour que cet apprentissage se fasse dans de

▼ Ne portez pas attention à une miction déjà ancienne, vous seriez contre-productif.

bonnes conditions). Transposé à l'échelle de vos intérieurs, cela signifie que tous lieux se valent pour lui tant qu'ils ne s'apparentent pas à son lieu de couchage ou de prise de nourriture et qu'il peut facilement s'éloigner de ses mictions. Rajoutez à cela la peur des bruits et des odeurs du monde extérieur, les températures parfois peu clémentes ou la pluie, vous comprendrez aisément que votre chiot a une préférence à faire chez vous au chaud et bien à l'abri des émotions fortes plutôt que dehors.

Il va donc vous falloir le motiver fortement pour lui faire comprendre que dans votre conception de la propreté, les besoins doivent systématiquement se faire dehors ! Ne vous inquiétez pas ! Dans l'ensemble, l'apprentissage de la propreté n'est pas très compliqué, mais cela nécessite beaucoup de patience et de disponibilité, surtout dans les premières semaines. Cela sera plus ou moins rapide en fonction des chiots et de l'énergie que vous pourrez consacrer à cet apprentissage.

Quelques conseils

Pour bien démarrer dans cet apprentissage, il vous faut connaître les moments où le chiot va émettre ses mictions afin d'optimiser les sorties. En règle générale, un chiot fait ses besoins dès qu'il se réveille au matin ou après une sieste, après avoir mangé ou bu, après une forte émotion (joie ou peur), pendant une période d'excitation (jeux, arrivée d'un invité...). L'idéal est de vous faire un petit tableau récapitulatif de façon à noter la fréquence des mictions, qu'elles soient accidentelles dans la maison ou volontaires à l'extérieur. Cela vous permettra de voir la progression de votre chiot et les points faibles à travailler.

La réprimande

Punir un chiot parce qu'il a fait ses besoins à l'intérieur ne va pas l'aider pour son apprentissage, ni à comprendre ce que vous souhaitez. Cela risque même d'être contre-productif. En effet, si vous le prenez sur le fait et que vous le grondez, votre chiot ne va pas comprendre que vous le punissez parce qu'il a fait ses besoins à l'intérieur, il va juste comprendre que vous êtes en colère et qu'il ne faut pas faire devant vous. Résultat, la prochaine fois, il risque de se cacher pour éviter de se faire gronder, allant même jusqu'à manger ses excréments pour faire disparaître le « corps du délit ». La coprophagie est un comportement très gênant autant pour les propriétaires que pour le chiot. Aussi, il risque de ne plus oser faire ses besoins devant vous dehors lorsqu'il sera en laisse. Par ailleurs, si vous ne prenez pas votre chien sur le fait, mais que vous le punissez quand même pour une miction déjà ancienne, votre chiot ne fera pas le rapprochement avec l'acte vieux de plusieurs minutes. Votre réprimande n'aura pas beaucoup d'effet !

Comment amener le chiot vers votre concept de la propreté

Votre chiot est en plein apprentissage, il a besoin de comprendre ce que vous attendez de lui, il faut donc trouver le moyen de le **motiver** à faire ses besoins à l'extérieur mais aussi lui apprendre à se retenir en faisant travailler ses sphincters. La nourriture étant une ressource primaire pour le chien, elle fera un formidable renforçateur ! Comme vous l'avez compris, tout comportement récompensé systématiquement augmentera les chances qu'il soit reproduit. Prenez toujours une poignée de friandises lorsque vous sortez votre chiot et dès qu'il aura fait ses besoins, donnez-lui une ou plusieurs petites récompenses très alléchantes et montrez-lui que vous êtes content. N'ayez pas peur du ridicule ! Ça n'a jamais tué personne et la plupart des chiots adorent que l'on en fasse des tonnes !

La seconde récompense, après lui avoir donné son bonbon ou son jouet, sera d'agir sur **la durée de la promenade**. Pour un chiot très à l'aise dans la rue, vous continuerez un peu la promenade pour **lui éviter d'associer le pipi à la fin de la balade** ; ça le pousserait à se retenir le plus longtemps possible s'il n'a pas envie de rentrer. A contrario, pour un chiot très craintif dans la rue, une motivation supplémentaire sera d'écourter la balade hygiénique, tout au moins au début. Bien sûr, il faudra beaucoup travailler la socialisation en parallèle pour que ce comportement de crainte disparaisse (voir p. 54 à 61).

N'oubliez pas également que lorsque votre chiot a envie de faire pipi et qu'il se soulage sur le tapis du salon, dans sa tête, la réponse est très agréable puisque cela soulage sa vessie ! Alors en plus de la belle récompense pour les besoins en extérieur, vous pouvez également confiner votre chiot pour le pousser à se retenir et l'aider à muscler ses sphincters. Pour cela, il faut que vous puissiez le confiner un peu avant les moments propices des sorties.

Le confinement consiste à maintenir votre chiot dans une petite pièce ou un parc à chiot, voire une caisse de transport. Dans la mesure où le chiot n'aime pas rester à proximité de ses excréments, cela l'aidera à se retenir pour peu que vous ne le laissiez pas trop longtemps enfermé au début, et que vous lui ayez appris ce que c'était de rester calmement dans un petit espace. À défaut de ce travail en amont, vous risquez de pousser votre chiot à la faute en le faisant monter en stress. En simplifiant un peu, nous dirons qu'un chiot de 2 mois se retient en moyenne deux à trois heures, un chiot de 3 mois, trois à quatre heures et ainsi de suite. Faites des associations positives avec le parc à chiot, la caisse de transport où la pièce qui sera dédiée à cet usage de façon à ce qu'il s'habitue progressivement à la situation. Attention : ne le laissez pas vagabonder dans la maison au moment de la sortie, prenez-le dans vos bras et partez vite, sinon il risque de se soulager avant que vous n'ayez eu le temps de le sortir !

Évidemment si vous devez laisser votre chiot très longtemps, il est sûr qu'il ne pourra pas se retenir, c'est pourquoi il est vraiment important d'aménager votre temps en vue de l'arrivée du chiot pour gérer cet apprentissage au mieux. Il n'y a pas de miracle, moins il sortira, moins vite il pourra comprendre ce qu'est la propreté « du point de vue humain ».

Pour les grosses peurs

Lorsque la peur de l'extérieur est si forte que le chiot attend d'être de retour à l'intérieur pour se soulager, la caisse de transport paraît incontournable. En l'absence de mictions à l'extérieur, mettez votre chiot dans sa caisse dès que vous rentrez. Dans certains cas, vous pourrez même envisager de ne mettre aucun support absorbant à l'intérieur pour éviter qu'il ne soit tenté de faire sous lui. Vous le laissez dix à vingt minutes à l'intérieur et vous le ressortez afin de lui donner l'occasion de se soulager dehors. Si cela fonctionne, bravo ! Profitez-en pour lui faire fête et donnez-lui une ration de friandises avant de le remonter chez vous. Dans le cas contraire, recommencez l'opération du confinement en sortant votre chiot très régulièrement jusqu'à ce qu'il ne puisse plus se retenir et qu'il fasse à l'extérieur. Bien sûr, dès que vous avez obtenu les mictions dehors, vous pouvez laisser votre chiot libre de ses allées et venues tant que vous pouvez le surveiller, mais continuez de le confiner pour qu'il ait le moins d'occasions possibles de faire ses besoins chez vous. Ainsi, votre chiot prendra rapidement l'habitude de se soulager lors des sorties quotidiennes, d'autant plus que cela lui vaudra une récompense à chaque fois !

Nettoyage des mictions

Lorsque vous devez ramasser les dégâts de votre chiot, que ce soit des mictions ou des destructions, veillez à le tenir hors de vue pendant que vous nettoyez. Sinon, votre chiot va voir l'éponge et le papier essuie-tout s'agiter et il va se ruer dessus pour jouer, réponse au combien agréable pour lui ; il aura donc tout intérêt à recommencer ! Évitez également tous les produits à base d'eau de Javel et dérivés d'ammoniaque. Ils ont un pouvoir très attractif sur l'odorat des chiens de manière générale et pourraient l'inciter à refaire ses besoins à l'endroit que vous aurez nettoyé.

Une fois que vous aurez passé votre nettoyant, terminez avec du vinaigre blanc ; ce n'est pas un répulsif, mais il détruira les molécules odorantes ; cela empêchera votre chiot d'être incité à refaire au même endroit.

Pour peu que votre chiot soit calme la nuit et qu'il soit confiné, vous avez toutes les chances d'optimiser la propreté nocturne. Cependant, dès qu'il vous entendra vous lever au matin, il sera tellement

ASTUCES !

Pour vous aider, vous pouvez enlever l'eau de votre chiot environ une heure et demie à deux heures après son dernier repas et pour la nuit seulement. C'est une mesure exceptionnelle pour les premiers temps d'apprentissage. Il faut donc prévoir le repas du soir suffisamment tôt pour qu'il ait le temps de bien se vider la vessie avant la nuit.

joyeux qu'il risque de faire pipi de suite. Alors préparez-vous, loin de ses oreilles attentives, si cela vous est possible, enfilez ce qui vous tombe sous la main et dès que vous arrivez vers votre chiot, prenez-le dans vos bras, quitte à lui mettre la laisse en marche, et sortez le plus vite possible ! Vous aurez la joie de savourer votre boisson du matin après la sortie victorieuse.

N'oubliez pas qu'une fois que votre chiot aura mangé, il faudra de nouveau le sortir ! À vous d'organiser efficacement vos débuts de matinées.

Récapitulatif

- Optimisez les promenades en sortant votre chiot à des moments-clés de la journée, avant et après son repas, sa sieste, en pleine période de jeu (l'excitation entraîne les mictions).
- Pensez à toujours récompenser votre chiot avec des friandises alléchantes et moult caresses lorsqu'il fait ses besoins dehors.
- Ne grondez pas votre chiot lorsqu'il s'est oublié dans l'appartement, vous risqueriez de le pousser à se cacher pour faire ses besoins, voire à manger ses déjections par peur des réprimandes et à ne plus oser faire devant vous, même dehors.
- Si vous ne l'avez pas pris sur le fait, mettez-le dans une autre pièce pour qu'il ne vous voit pas nettoyer.
- Évitez les produits nettoyant à base d'eau de Javel et d'ammoniaque et finissez votre nettoyage par un peu de vinaigre blanc pour détruire les odeurs.
- Si vous le prenez sur le fait, surprenez-le par une voix forte, un claquement de main afin qu'il contracte ses sphincters, attrapez-le le plus vite possible et portez-le dehors de façon à ce qu'il puisse associer ses mictions à l'extérieur.

Lui apprendre la socialisation

La socialisation est une **période cruciale et éphémère** (jusqu'au 4e mois du chiot) ; il est donc important de ne pas la rater, d'abord avec sa fratrie, puis avec sa nouvelle famille, car elle déterminera une partie de ses futurs comportements.

Qu'est-ce que la socialisation ?

Elle consiste à familiariser le chiot avec son environnement **de façon à ce que tout lui semble naturel :** les bruits, ses congénères, les autres animaux, les humains, les vélos, les motos, les trottinettes, les parapluies, les joggeurs... Tout ce que le chien pourrait potentiellement rencontrer au cours de sa vie. La liste n'est pas exhaustive !

La socialisation s'élabore d'abord à travers les interactions avec la mère et la fratrie. Le chiot va apprendre à communiquer, à reconnaître sa mère, ses frères et sœurs et les autres chiens adultes avec qui il sera en contact. C'est également pendant cette période que va débuter l'acquisition des autocontrôles (voir p. 32). La socialisation est ainsi une des bases fondamentales sur laquelle le chiot va construire son être adulte. Il est donc primordial que vous puissiez continuer le travail initié par sa mère.

Comment réussir cette socialisation ?

Faites en sorte que votre chiot rencontre différentes situations qu'il puisse associer à des retours agréables et positifs pour lui. **Ces mises en situation devront être suffisamment courtes pour lui donner envie de les recommencer, et surtout cesser avant qu'il ne montre des signes d'inconfort**.

Bien souvent, les premiers temps, les chiots ont assez peur de la ville (intensité des bruits, différents revêtements de sol, foule...), cela peut se traduire par un chiot qui se bloque dès que vous le posez par terre, qui se met à tirer sur sa laisse pour fuir le bruit ou une situation qui lui est désagréable ; un chiot qui sursaute, se cache lorsqu'il entend un bruit inhabituel.

Commencez cette familiarisation dès que votre chiot arrive chez vous, même s'il n'est pas complètement vacciné. Cependant, ne le posez pas n'importe où, privilégiez des sols propres, et évitez les rencontres avec des chiens que vous ne connaissez pas. Vous pouvez également, au début, le mettre dans un sac de transport ou le porter dans vos bras pour lui faire découvrir l'environnement sonore qui sera le sien, et ensuite le poser dans une zone assez calme pour qu'il puisse explorer son univers. Donnez-lui des friandises dès qu'il fait quelques pas, par exemple. Observez ses réactions (la position des oreilles, de la queue et du corps, en général, en disent long sur son état émotionnel), puis ramenez-le à la maison. Plus les sorties seront courtes, mais fréquentes, mieux ce sera pour votre chiot.

➲ **Pour ses premières rencontres avec d'autres chiens,** choisissez des chiens calmes que vous connaissez, de préférence, et dont les vaccins sont à jour, et mettez fin à la rencontre avant que l'un ne devienne gênant pour l'autre, vous jouerez ainsi sur deux tableaux : sur l'interaction en elle-même qui sera positive et donnera à votre chiot l'envie de recommencer, mais aussi sur les autocontrôles car votre chiot sera frustré par cette interaction qui s'arrêtera avant qu'il en ait eu envie. Cela vous aidera par la suite à avoir un chien bien équilibré qui saura se retenir d'aller voir un congénère. Observez bien à chaque fois les attitudes de votre chiot. Si vous voyez qu'il a tendance à fuir les contacts, raccourcissez d'autant les interactions et évitez de lui faire rencontrer des congénères trop téméraires ; préférez « les timides » le temps que le vôtre prenne un peu confiance en lui.

➲ **Pour ses rencontres avec les humains :** cela commence par le cercle familial, puis il va s'élargir avec les amis et les inconnus, adultes, enfants, personnes

âgées… Le principe est toujours le même : si votre chiot se montre très à l'aise, pas de souci. Vous mettez fin aux interactions avant qu'il monte trop en excitation. Vous variez les situations et les récompenses et vous généralisez les apprentissages. Si au contraire votre chiot est un peu, voire très timide, demandez à vos invités de lui donner une friandise sans rechercher de contact, qu'il soit visuel ou tactile. Il faut qu'ils continuent de l'ignorer. Lorsque votre chiot sera plus détendu, il viendra de lui-même les solliciter. Ce sera l'occasion de renouveler les friandises, sans chercher à le caresser, jusqu'à ce qu'il soit vraiment en demande. Dans des cas extrêmes où le chiot n'ose pas s'approcher du visiteur, ce dernier peut déposer dans un premier temps une friandise au sol et s'éloigner, puis déposer la friandise en s'accroupissant et en tournant le dos au chiot. Enfin, le visiteur garde la friandise dans sa main mais en continuant de tourner le dos au chiot, et ainsi de suite, jusqu'à ce que cela devienne plus facile. Si malgré vos efforts, votre chiot continuait d'être très craintif, demandez de l'aide à un(e) professionnel(le) en éducation positive afin d'optimiser au mieux cette période d'apprentissage.

Plus votre chiot rencontrera d'expériences positives, durant ces semaines, et plus il sera apte à affronter des situations difficiles ou inconnues dans l'avenir. Il faut énormément le familiariser avec l'être humain et les manipulations (voir p. 70 à 79), en prenant bien soin de ne jamais forcer les choses, ni travailler sur de longues périodes.

Socialisation et éducation

Pour mettre toutes les chances de votre côté, vous pouvez inscrire votre chiot à des séances collectives de socialisation. Il aura l'occasion de rencontrer d'autres congénères et de découvrir, avec vous, les bases d'une bonne éducation canine. Ce sera également l'occasion pour vous deux de travailler dans un environnement plein de distractions apportant ainsi une difficulté supplémentaire pour tous les exercices.

Ci-dessous ces deux tableaux pour vous aider dans l'appréhension des apprentissages de votre chiot à la socialisation.

La socialisation

Réactions du chiot confronté à son environnement	Exemple de ce que vous pouvez mettre en place
Chien qui s'excite, se débat, mordille, cherche à fuir, grogne et/ou aboie.	Travaillez en récompensant le chiot avant qu'il ne rentre en conflit, détournez son attention du stimulus, avancez par étapes très progressives.
Chiot qui craint les manipulations, qui a peur de tout ce qui lui est inconnu : humains extérieurs à son cercle, congénères, autres animaux, bruits...	Travaillez sur de courtes périodes, mais très souvent, par associations positives : manipulations/friandises, congénères/jeux, inconnus/friandises...
Chiot introverti, qui n'ose pas agir.	Stimulez le chiot par des jeux, des petits exercices faciles récompensés par des friandises...
Votre chiot est calme face à l'inconnu, curieux, heureux de vivre, bien avec ses congénères et autres individus.	Bravo ! Vous avez fait du bon travail ! Cependant restez vigilant, observez bien votre chiot et continuez de travailler pour consolider ses acquis.

La socialisation : liste des actions à mener

	Détails des actions	à faire	à consolider	acquis
Manipulations	Toucher les oreilles, les retourner, faire semblant de les nettoyer, idem pour les yeux, les pattes, les dents... Le but est que le chiot reste calme si vous devez lui procurer des soins, lui sécher les pattes, le brosser, lui retirer quelque chose de la gueule, lui regarder les dents. Votre quotidien en sera facilité et votre vétérinaire et/ou votre toiletteur vous en remerciera !			

La socialisation : liste des actions à mener

	Détails des actions	à faire	à consolider	acquis
Manipulations (suite)	Lui pincer la peau doucement, le prendre dans ses bras, le mettre sur le dos, le maintenir sur vos genoux ou le bloquer entre vos jambes sans forcer...			
	Lui mettre son collier, un harnais, un manteau éventuellement, le tenir par son collier ou son harnais en exerçant une légère pression.			
Les personnes étrangères au cercle familial	Personnes adultes de tailles, âges, sexes, ethnies différentes... avec des voix fortes, qui crient, qui gesticulent, qui courent... avec une canne, des béquilles, en fauteuil roulant...			
	Personnes avec des capuches, des bonnets, des chapeaux, des casques de moto... tout ce qui peut modifier une silhouette.			
	Enfants en bas âge, bébés, groupes d'enfants (sorties d'écoles), enfants qui chahutent, qui courent en groupe ou sont à côté du chien, assis par terre...			
Congénères inconnus	Chiens adultes sociables et moins sociables (sous surveillance), mâles, femelles, toutes races confondues.			
Autres animaux	Chats, toutes races confondues.			
	Chevaux et animaux de la ferme.			
	Autres animaux familiers, à plumes, à poils et NAC.			
Objets	Objets à roulettes tels que les vélos, les scooters, les rollers, les trottinettes et skateboards, les valises, les caddies de courses...			
	Objets domestiques tels que l'aspirateur, le balai, le sèche-cheveux, le parapluie...			
Surfaces	Faites marcher votre chiot sur différentes structures : sol mouillé, glissant, surfaces dures, molles, rugueuses, brillantes, des grilles... le faire marcher dans l'eau...			
Environnement sonore	Bruits de moteurs, de klaxons, de sirènes... transports en commun, travaux, pétards, feux d'artifice, orages...			
	Cris d'animaux divers, sonnettes de porte/interphones, sonneries, pleurs de bébé, TV, radio, bruits des appareils électroménagers...			

Socialisation 1

Potentiellement, toutes ces situations ou confrontations à des objets inconnus peuvent faire peur à votre chien si elles ne sont pas travaillées.

Le vétérinaire

Le parapluie

L'ascenseur

La muselière

Les bruits

Les différentes surfaces

Socialisation 2

Pour que votre chien soit à l'aise en toutes circonstances, associez ces différentes situations à quelque chose de positif pour lui.

Les rencontres entre congénères

Les rencontres entre congénères doivent se faire dans la décontraction. Si votre chiot montre des signes de stress, il vaut mieux y mettre fin en attendant une prochaine rencontre qui sera plus positive pour lui. S'il est en laisse, vérifiez qu'elle est détendue pour qu'elle n'exerce pas de traction au niveau du collier ou du harnais.

1

2

3

4

5

Sur la photo 2, June n'est pas à l'aise car le chien au harnais a une attitude un peu rigide.

Sur les photos 3, 4 et 5, June est curieuse, elle semble vouloir jouer. Mais l'autre chien l'ignore. S'il continue dans cette attitude, mettez fin à l'interaction.

Mon chiot bien dans sa ville

La plupart des chiens naissent dans des élevages situés à la campagne ou tout au moins dans des lieux assez isolés. Nous avons vu l'importance d'habituer votre chiot à un **environnement riche en stimuli**. Qu'elle soit petite ou grande, la ville, ou tout au moins le centre-ville, doit faire partie des apprentissages de votre chiot si vous souhaitez l'emmener un peu partout avec vous. Et pour qu'il soit bien accepté par les autres, piétons promeneurs ou congénères, vous devez lui enseigner les **bonnes attitudes à avoir** et que vous-même fassiez preuve de **civisme**.

Pour lui

Apprenez-lui à rester sagement à vos côtés quand vous prenez le soleil à la terrasse d'un café, lorsque vous vous arrêtez pour discuter avec quelqu'un...

Habituez-le à marcher en laisse avec rectitude sans faire de zigzag ou vous couper la route. Le fait que votre chiot marche du côté du mur, quel que soit le côté où vous vous trouvez, peut vous aider à avoir un repère pour la rectitude et ça évite également les accidents éventuels en éloignant votre chiot du bord des trottoirs.

Apprenez-lui à s'arrêter aux passages piétons et à redémarrer à votre signal.

Faites en sorte qu'il reste calme lorsque vous croisez du monde, piéton seul ou en groupe, cyclistes... et ses autres congénères.

BON À SAVOIR

La friandise n'est pas la seule récompense qui peut être utilisée lors des apprentissages. Pour un chiot peu gourmand mais très joueur, vous pouvez lui tendre un jouet en guise de récompense. Quelle que soit la récompense choisie, il faut qu'elle ait une très forte valeur aux yeux de votre petit compagnon.

Photo 1 : **attendre patiemment.**

Photo 2 : **marche en laisse décontractée.**

Pour vous

Évitez que votre chiot saute sur les gens pour dire bonjour (voir p. 36, les autocontrôles), et apprenez-lui à s'asseoir pour recevoir les caresses. Évitez aussi que votre chien renifle systématiquement ses autres congénères ! Demandez à la personne en bout de laisse si les chiens peuvent être mis en contact. Beaucoup de chiens peuvent être réactifs à la vue de leurs congénères et supportent difficilement leur proximité. Chaque chien a une distance de confort qui lui est propre, que ce soit adulte ou chiot, mâle ou femelle.

Ne laissez pas le vôtre faire pipi n'importe où ! Évitez les portes d'immeubles, les devantures de magasins, les chaises des terrasses de café… et surtout ramassez ses déjections, même dans les parcs (amende de 35 € si pris en flagrant délit de non-ramassage) !

Beaucoup de gens ont peur des chiens, cela va de la petite appréhension à la panique, respectez-les en ne leur imposant pas la présence de votre chiot. Gardez-le en laisse si vous n'êtes pas sûr de son rappel (voir p. 40 et 41) et raccourcissez la longueur de la laisse si vous voyez que la personne qui arrive en face de vous semble mal à l'aise. Les balades en ville demandent une certaine vigilance, évitez de rester au téléphone lorsque vous sortez avec votre chiot. Stimulez-le, jouez avec lui, rendez les promenades attrayantes pour qu'il ait du plaisir à être avec vous ! C'est aussi un bon moyen d'éviter qu'il ne tire sur la laisse !

Photos 3 : **s'arrêter au passage piéton.**

Photo 4 : **récompenser votre chiot.**

Photo 5 : **repartir ensemble.**

Photo 6 : **récompenser toutes les bonnes attitudes.**

Respectez l'espace vital des chiens

Gardez le contrôle sur votre chien, ce n'est pas parce qu'il est gentil qu'il ne peut pas y avoir de problème.

Dans son enthousiasme, le chien sans laisse n'a pas compris ce que lui montrait le chiot en laisse par son attitude. C'est au propriétaire de faire attention et de rappeler son chien pour ne pas forcer un contact qui n'est pas souhaité par l'autre chien d'en face.

Votre attitude détermine celle de votre chien

Ne forcez pas votre chiot et faites attention à vos réactions qui peuvent provoquer de mauvaises associations.

Votre chien reste en arrière, il est inquiet.

L'inconnue s'approche malgré l'attitude de votre chien.

Vous grondez votre chien parce qu'il a grogné.

Votre chien risque d'associer l'inconnue qu'il rencontre à nouveau à la réprimande.

Lui apprendre à être seul

Nos rythmes de vie font que nos chiens passent de plus en plus de temps seuls. Or, ce n'est pas naturel pour le chien qui est un **animal très social**. C'est pourquoi l'apprentissage de la solitude est une des bases fondamentales dans **l'équilibre émotionnel** de votre chiot.

Comment l'y habituer et la déjouer

Un mauvais apprentissage de la solitude peut entraîner divers troubles du comportement. Il est donc indispensable de faire comprendre à votre chiot que cette solitude fera partie intégrante de son quotidien. Plusieurs petits exercices peuvent vous y aider :

➔ Dans un premier temps, vous allez « déritualiser » tous les moments qui pourraient signifier à votre chiot qu'il va se retrouver seul. Faites de faux départs. Vous vous préparez mais vous ne sortez pas, vous sortez sans vous préparer... **En résumé, évitez d'avoir toujours les mêmes habitudes afin de ne pas augmenter son anxiété**.

➔ Généralisez cet apprentissage en continuant à travailler les week-ends et lors de vos congés.

➔ Travaillez les passages de portes, à la fois les portes de votre intérieur mais surtout celles vers l'extérieur. Fermez la porte derrière vous en laissant votre chiot de l'autre côté. Attendez quelques secondes et ouvrez-la à nouveau. Même si votre chiot vous suit lorsque vous rentrez dans la pièce, ignorez-le et retournez à vos occupations comme s'il ne s'était rien passé. Vous répétez plusieurs fois l'opération à n'importe quel moment de la journée et ce, quelle que soit votre occupation du moment. **L'essentiel est de ne donner aucun repère au chiot lui signifiant ce qui va se passer.** S'il réagit bien, vous pouvez augmenter le temps qu'il passera seul, le principal étant de ne jamais le pousser à la « faute ». L'idéal est de travailler sur des séquences tellement courtes que le chiot n'ait pas l'occasion de pleurer ou de gratter à la porte. Malheureusement, si tel n'est pas le cas, attention à ne pas réapparaître pendant que votre chiot se manifeste, car il comprendrait vite qu'en couinant, il vous fait revenir à lui.

➔ Augmentez progressivement les temps de solitude et continuez de répéter les exercices pour bien les ancrer dans son quotidien.

➔ Lorsque vous devez sortir, ne lui laissez pas libre accès à toute la maison. D'une part, pour sécuriser à la fois votre intérieur et votre chiot et, d'autre part, pour que votre absence soit moins stressante pour lui. **Plus il aura la possibilité de vous chercher partout, plus il risquera de monter en anxiété.**

➔ Préparez-lui un petit coin douillet dans une petite pièce de préférence (celle où il dormira la nuit, par exemple), ou son parc à chiot. Mettez-y ses jouets, un Kong® farci ou une balle distributrice de croquettes pour l'occuper. Vous pouvez également lui mettre la radio en fond sonore, un vêtement avec votre odeur... Tout est bon à prendre si cela aide à ce que cette absence ne soit pas trop lourde à supporter. Lorsque vous rentrerez, attendez que votre

BON À SAVOIR

Il m'est arrivé de rencontrer des chiens qui savaient rester seuls en semaine, de sept heures à dix-neuf heures en fonction des horaires de leurs « maîtres », mais qui ne supportaient pas la solitude les week-ends, ni en soirée. Cela se traduisait par des vocalises, des destructions... D'où l'importance de toujours généraliser les apprentissages de votre chiot.

chiot se calme un peu avant d'aller le voir, même si cela vous est difficile. **Il est important que vous ayez la même attitude que dans le quotidien lorsque vous êtes à la maison.** Petit à petit, votre chiot banalisera vos départs. A contrario, si dès que vous rentrez, vous le câlinez avec force et que vous lui montrez à quel point il vous a manqué, il fera de vos retours quelque chose d'extraordinaire et supportera encore moins la solitude.

➲ Quels que soient les apprentissages que vous mettez en place, vous devez penser à les généraliser. Il est important que vous laissiez votre petit compagnon quelques minutes seul dans « sa pièce », même si vous ne sortez pas, **de façon à ce qu'il ne puisse pas systématiquement l'assimiler qu'à votre départ.** Profitez-en pour associer cette pièce à des choses agréables pour votre chiot.

Lui apprendre la séparation

À la différence de la solitude, le chiot doit apprendre à rester seul alors qu'un ou plusieurs membres de la famille sont présents dans la maison. Un **attachement excessif** du chiot pour son ou ses « maître(s) » le mettra dans un **état anxiogène**, qui pourra entraîner divers troubles du comportement par la suite.

Comment bien la gérer

Pour éviter tout trouble du comportement, dès les premiers jours, ménagez-lui des temps où il sera seul, ou tout au moins sans interactions avec vous, même si vous êtes dans la même pièce que lui. Si vous lui apportez trop d'attention au quotidien il aura d'autant plus de mal à supporter d'être séparé de vous. Trouvez un juste milieu pour assurer son équilibre émotionnel. Restez à l'origine des interactions et sachez dire stop le moment venu.

Apprenez-lui, par exemple, à rester seul dans une pièce pendant que vous êtes ailleurs dans la maison ou à rester dans son panier pendant vos allées et venues dans la pièce. Cet apprentissage se fera d'abord sur de très courtes périodes pour ne pas lui donner l'occasion de monter en stress. Toutefois, s'il continue de montrer des signes d'inquiétude malgré le travail mis en place, il vous faudra diminuer d'autant la durée de la séparation pour que cela reste supportable pour lui. Il faut qu'il comprenne que vous pouvez bouger sans

▲ Restez à l'origine des demandes d'attention.

qu'il ait besoin de vous suivre systématiquement. Pour vous aider dans votre tâche, vous pouvez vous servir de jouets d'occupation ou distributeurs de friandises ou donner un os à mâchouiller (mais sous surveillance).
➔ Cette éducation sera également nécessaire pour apprendre à votre chiot à dormir seul (voir p. 19), à rester seul dans la voiture le temps que vous fassiez une course. Attention à ne jamais laisser votre chiot seul et exposé à la vue de tous sans surveillance, ne laissez pas votre voiture au soleil, pensez à laisser les vitres entrouvertes pour qu'il puisse s'aérer sans pour autant sortir. La température monte et descend très vite dans l'habitacle...

Tous ces exercices doivent se faire de façon très progressive afin que cela devienne naturel pour le chiot et que cela fasse partie de son quotidien.

Les manipulations

Elles font partie des **apprentissages les plus importants** de la vie de votre chiot. Vous allez vous en servir au quotidien, pour lui mettre son harnais, pour lui essuyer les pattes après une balade pluvieuse, pour le brosser… mais aussi, pour les câlins ! Apprendre à son animal à **rester calme** lorsqu'on le manipule est fondamental, que ce soit pour les petites attentions du quotidien ou pour des soins spécifiques.

Comment procéder

À chaque fois que vous touchez votre chiot, donnez-lui une petite friandise avant qu'il ne pense à remuer ou à se dégager ; **le chien apprend surtout par association.** Au même titre qu'il a associé que le comportement « assis » lui valait une récompense lorsqu'il le produisait, il assimilera très vite que s'il reste calme quand on le touche, il sera systématiquement récompensé. Vous veillerez à avoir toujours une récompense proportionnelle à la difficulté du travail demandé.

➜ Il est recommandé de travailler les manipulations **au quotidien** et sur de **courtes séances.** De ce fait, chez un chiot qui aime bien se faire papouiller, vous fixerez le comportement « soit calme », et pour un chiot légèrement sur la défensive ou franchement en stress, vous lui apprendrez à canaliser ses émotions et à aimer cette main qui s'approche ou, à défaut, à la supporter.

➜ Si vous et votre chiot travaillez déjà au clicker (voir p. 108 à 119), vous pouvez utiliser cette méthode pour toutes les manipulations sinon, assurez-vous que votre chiot obtienne sa friandise pendant que vous le manipulez et non après l'avoir manipulé. L'essentiel étant que vous soyez à l'aise quel que soit le moyen que vous emploierez.

Photo 1 : **Jify est couchée sur le flanc.**

Photo 2 : **avec le clicker ici, on clique le fait qu'elle reste tranquille pendant quelques secondes.**

Photo 3 : **Jify obtient sa friandise.**

IDÉE REÇUE !

Mon chien ne m'aime pas !

FAUX. Ce n'est pas parce que votre chiot n'aime pas les caresses ou qu'il a peur de votre main qu'il ne vous aime pas ou qu'il a peur de vous. Donnez-lui confiance dans vos mains grâce à tous ces conseils !

Comment reconnaître un chiot qui n'aime pas être manipulé et comment l'initier

Quelques exemples de situations :

- Vous appelez votre chiot, il arrive vers vous mais s'arrête à une distance raisonnable pour que vous ne puissiez pas l'attraper (voir dessin 1).
- Vous venez pour caresser votre chiot, et il baisse la tête avant que votre main ne le touche, ou il s'aplatit un peu au sol ou prend une attitude de « chien battu » (voir dessin 2).
- Vous sortez votre brosse, votre chiot part à l'opposé (voir dessin 3)...

Ce stress des manipulations peut également se traduire par de grands moments d'excitation, des mordillements... moyens pour votre chiot d'extérioriser son malaise.

Il va donc falloir lui apprendre à supporter tout cela par de petits exercices. Dans un premier temps, vous récompensez votre chiot tant qu'il ne bouge pas lorsque votre main s'approche de lui puis, petit à petit, lorsque cet exercice lui sera facile, vous rajouterez une difficulté : par exemple, récompensez-le une fois que votre main le touche à un endroit précis puis un peu partout sur le corps, les pattes, sous le menton, les oreilles... etc. À chaque fois qu'une difficulté sera surmontée vous pourrez en intégrer une supplémentaire.

Vous devez toujours prévoir des séances de travail très courtes. Pensez à les arrêter avant que votre chiot ne montre des signes d'agitation. Ne soyez pas trop gourmand, votre but n'est pas d'aller vite mais de mener votre chiot vers le succès !

Reconnaître les différents signes d'inconfort de son chiot.

Le chien reste à distance.

Le chien baisse la tête ou s'aplatit au sol.

Le chien part à l'opposé.

Petits exercices de manipulations

Ses oreilles : prenez-les doucement dans vos mains, massez-les, retournez-les, mettez votre doigt dans le conduit auditif sans forcer.

Ses yeux : prenez-lui doucement la tête dans une main et de l'autre, vous lui écartez les paupières. En fonction de la taille de votre chiot vous pouvez éventuellement lui caler la tête contre votre cuisse ou le mettre en position assise et vous placer derrière lui. Cette position permettra plus facilement de lui maintenir la tête en l'air pendant que l'autre main écartera doucement les paupières. À vous d'expérimenter différentes positions et de garder ce qui vous convient le mieux tant que cela reste confortable pour votre chiot.

Lui apprendre à rester immobile : apprenez au chiot à rester calmement immobile entre vos jambes. Libérez-le avant qu'il ne s'agite ou attendez un retour au calme avant de le libérer. Vous pouvez également faire cet exercice en le maintenant couché sur le flanc ou le dos. Maintenez-le dans cette position avec une légère pression de la main pendant quelques secondes. S'il s'agite, attendez un retour au calme avant de relâcher la pression.

Lui retrousser les babines : passez votre doigt sur ses dents à la manière d'une brosse à dents. Vous pouvez également exercer une sorte de petit massage circulaire avec votre doigt contre sa gencive.

Lui ouvrir la gueule : ouvrez la gueule de votre chiot en plaçant vos doigts de chaque côté de sa mâchoire, au niveau de la commissure des lèvres. Maintenez-la ouverte quelques secondes et relâchez-la avant que votre chiot ne s'agite. Vous pouvez également faire semblant de lui retirer quelque chose coincé à l'intérieur.

Ses pattes : prenez-lui les pattes une par une, massez les endroits interdigitaux, frottez-les avec une serviette comme si vous les essuyez.

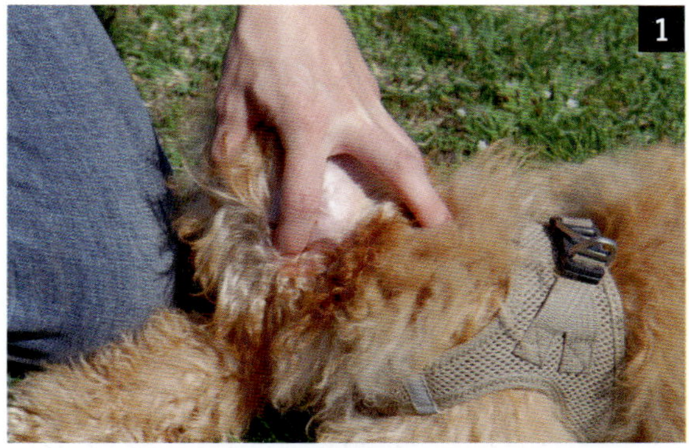

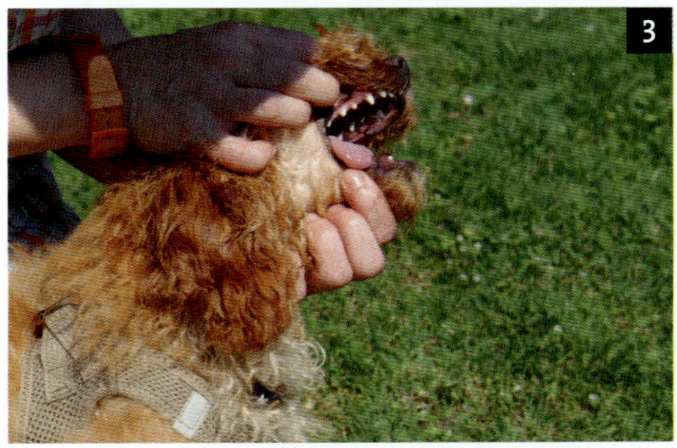

Photos 1 à 4 : **pendant chaque manipulation (ici, les oreilles, les yeux, la gueule, les pattes), on renforce le fait que le chiot reste coopératif (avec une friandise, un jouet ou l'arrêt de la manipulation tant que le chien est calme).**

Mettre et enlever son collier ou harnais : faites et refaites cette opération jusqu'à ce que cela devienne une habitude. Pensez aussi à associer le son des scratchs à des friandises. On trouve des scratchs sur bon nombre de harnais et les chiots peuvent y être très sensibles. Habituez-le également aux manteaux si votre chiot craint le froid.

Une fois que ces exercices sont acquis, continuez ces manipulations en y rajoutant des accessoires : pince à tiques, compresses, flacons en tout genre, pince coupe-ongles... **Vous l'avez compris, plus votre chiot vivra de situations différentes mieux il sera armé pour affronter la vie.**

Au départ, vous exercerez vos manipulations de façon très courte et petit à petit, lorsqu'il sera à l'aise et confiant, vous augmenterez la durée. Mais plutôt que de faire une grosse séance le week-end, préférez des microséances au quotidien. Vous pourrez également demander à des tiers de vous seconder pour que les exercices et les situations soient généralisés au mieux. **Soyez constant et persévérant.**

Lui donner des soins

Lors de votre première visite chez le vétérinaire ou au salon de toilettage, tout doit être mis en place pour que votre chiot en retire une expérience agréable.

➜ Dès les premiers jours, allez chez votre vétérinaire pour une visite de contrôle. Vous en profiterez pour apporter des friandises que vous donnerez au chiot lorsqu'il sera à la clinique et sur la table d'auscultation.

➜ Indépendamment de la première visite de contrôle, et avec l'accord de la clinique, amenez régulièrement votre chiot dans la salle d'attente, donnez-lui quelques friandises et repartez aussitôt. Répétez fréquemment l'opération jusqu'à ce que votre chiot y aille tout content. En parallèle, vous pouvez demander le concours des assistantes et des personnes présentes dans la salle d'attente pour qu'elles lui donnent, elles aussi, des friandises. De ce fait, le docteur et sa clinique seront associés à quelque chose de plus ou moins quotidien et sympathique.

➜ Chez vous, manipulez-le régulièrement par terre, sur le canapé s'il a le droit d'y monter mais aussi sur une table pour imiter un peu la table d'auscultation.

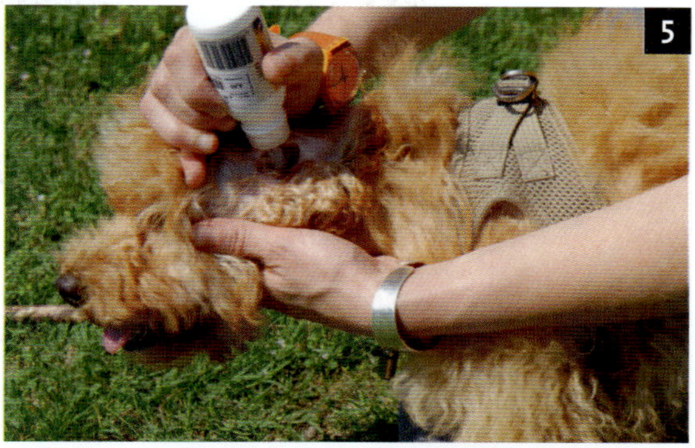

Photos 5 à 7 : **généraliser les exercices avec différents objets, tels que des flacons, comme ci-dessus, des tubes de pommade, des ciseaux... Soyez imaginatif !**
Vous pouvez également travailler à deux : une personne qui manipule et l'autre qui récompense.

Petite histoire

Bon nombre de professionnels se plaignent de chiens qui deviennent ingérables en consultation ou lors d'une séance de toilettage. Pourtant, lorsqu'ils étaient petits, ces mêmes chiens ne posaient pas ou peu de difficultés.

Prenons l'exemple de Blue Sky, berger des Shetland, chien de Mme T. Petit, Blue Sky a rapidement fait connaissance avec les séances de toilettage à la maison. Il n'aimait pas trop ça, mais il fallait bien le brosser. En outre, sa maîtresse étant prise par le temps, le brossage était alors énergique et de plus en plus éprouvant pour le chiot !
En grandissant, Blue Sky prit de l'assurance, son seuil de tolérance devint plus faible. Alors vint le jour où il se mit à grogner plus fort, puis à attaquer la brosse... puis la main qui tenait la brosse ! Petit à petit, Blue Sky devint inapprochable dès qu'on avait un objet dans la main. Il a fallu des mois de travail et de patience pour lui réapprendre à être manipulé dans le calme et à rééquilibrer la relation de Mme T avec sont petit Blue Sky.

➲ Habituez-le à se laisser approcher quel que soit l'objet que vous avez à la main, et notamment des tubes et flacons divers, pour le mettre au maximum en condition de soins. Une fois que votre chiot est habitué à se faire prendre les oreilles, ouvrir les yeux..., faites la même chose en ajoutant le flacon dans l'équation. Beaucoup de chiens qui se laissent facilement manipuler à main nue ont du mal à se laisser approcher lorsqu'on tient un produit dans les mains.

N'oubliez jamais qu'un des secrets de la réussite est la généralisation des apprentissages. À vous de trouver d'autres idées pour enrichir les expériences de votre chiot.

Son toilettage

Que vous ayez un chien à poil court ou à poil long, les manipulations à la brosse sont indispensables. Elles devront être amenées de façon progressive et renforcées au maximum pour que le chiot ne considère pas la brosse ou le peigne comme ses ennemis. Il existe maintenant toutes sortes d'ustensiles plus agréables que la brosse type carde® et très efficaces. Les brosses type furminator® sont redoutables pour le sous-poil et évitent de trop appuyer contre la peau de l'animal ; les étrilles en caoutchouc peuvent faire office de gant de massage... Demandez conseil à un(e) professionnel(le) du toilettage pour avoir les outils les mieux adaptés au bien-être de votre chiot en fonction de son type de poils.

Préparer chez soi les séances au salon de toilettage

Si votre chiot a besoin d'un entretien particulier devant se faire en salon de toilettage, vous devrez l'habituer tout petit à cet univers fait d'odeurs multiples, de bruits de tondeuse, de séchoirs qui peuvent être traumatisants pour un chiot ou un chien adulte inexpérimenté.

➲ Comme vous ne pourrez pas aller tous les jours au salon pour y familiariser votre petite boule de poils, commencez rapidement à lui montrer les différents ustensiles mais aussi les manipulations inhérentes au toilettage. Par exemple : coupe des poils des oreilles, entre les coussinets, au-dessus des yeux... en les associant systématiquement à des friandises.

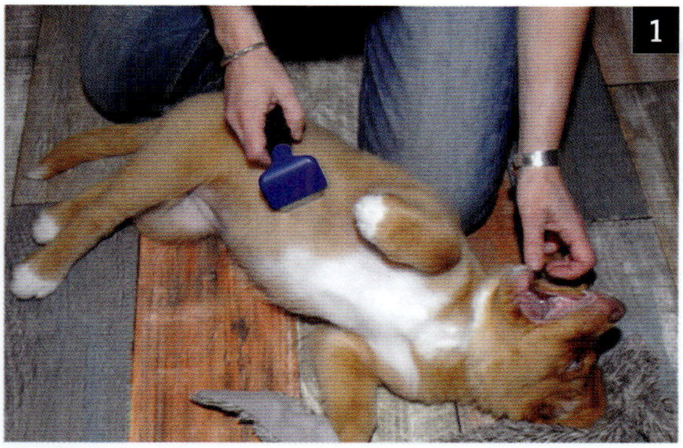

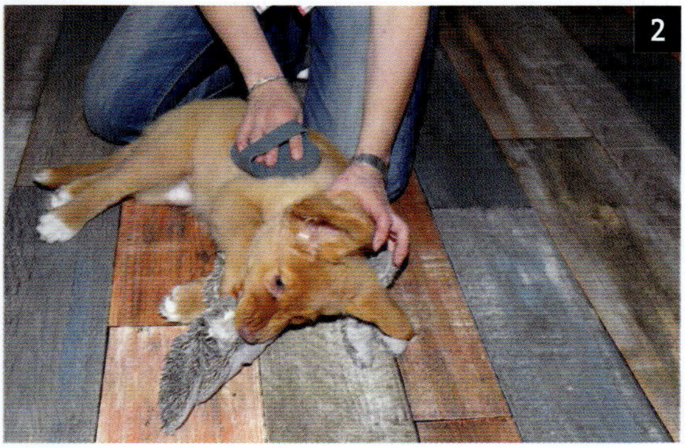

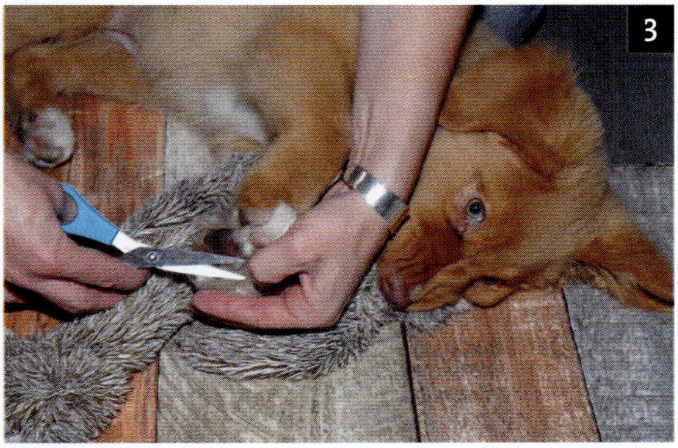

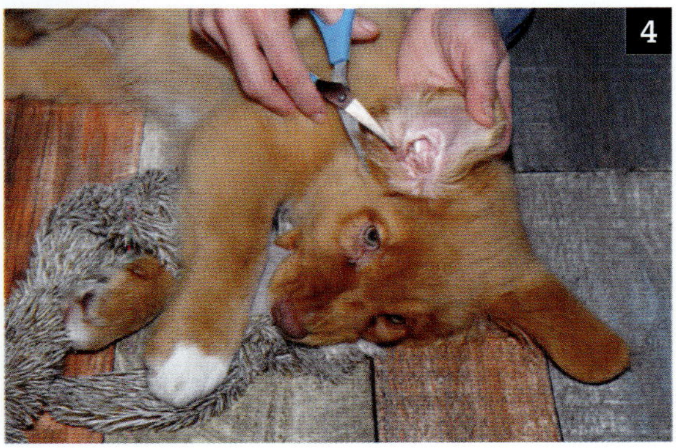

Vous pouvez également le familiariser chez vous au bruit du sèche-cheveux, à rester sagement dans la baignoire…

➲ Plus votre chiot devra avoir des soins journaliers plus vous devrez travailler ces manipulations. Il faudra que cela fasse partie de son quotidien, au même titre que la balade, les moments de jeux ou l'heure de sa gamelle. Votre chiot doit apprendre sinon à les aimer, tout au moins à les supporter de bonne grâce !

➲ Lorsque ce travail n'est pas fait, les conséquences peuvent être très pénibles. Le plus souvent, les problèmes ne surviennent que plus tard, lorsque le chiot a grandi. En effet, c'est à force de répéter les séances stressantes de soins sans ces ménagements préalables, que votre chiot va finir par se rebeller. Lorsqu'il est petit, votre animal subit ces situations, car il ne peut pas y échapper ; vous pouvez facilement le contraindre à rester en place. Mais vous devez savoir que comme tout individu, votre chiot a un seuil de tolérance qui, une fois atteint, peut le pousser à réagir de façon plus ou moins violente, jusqu'à grogner ou mordre pour que cesse toute activité de la part du toiletteur. C'est pour cela qu'il est primordial de faire ce travail d'associations positives en amont. Cela facilitera la vie de chacun, la vôtre, celle de votre chien ainsi que celle des professionnels.

➲ Comme toutes les manipulations que l'on a vues plus haut, les séances doivent être suffisamment courtes pour ne pas être désagréables. L'idéal est d'arrêter les interactions avant que le chiot ne montre des signes d'inconfort. **Plus votre chiot apprendra en douceur plus il aura confiance en vous.**

Photo 1 : **June obtient sa friandise pendant qu'elle est brossée.**

Photo 2 : **séquence massage avec l'étrille en caoutchouc.**

Photos 3 et 4 : **la peluche est un moyen pour détendre et distraire June pendant les soins.**

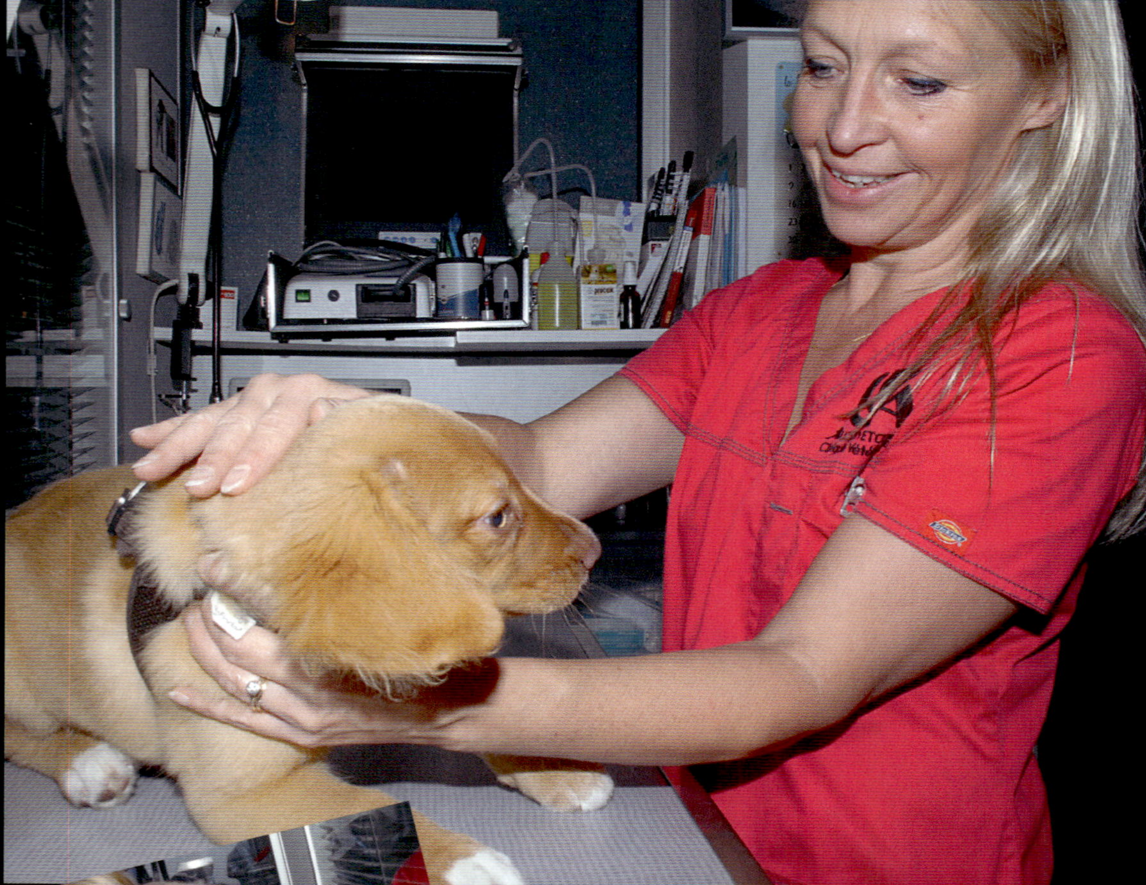

▲ L'assistante du vétérinaire fait découvrir, tout en douceur et en lui parlant calmement, à June la table d'auscultation. Mais June ne semble pas très à l'aise...

▲ L'assistante accueille June à la clinique. Elle la met en confiance en la caressant.

Chez le vétérinaire

Dans l'idéal, la première visite se fera dans un climat de confiance. C'est une collaboration entre l'équipe médicale et le « maître » ou la « maîtresse ».

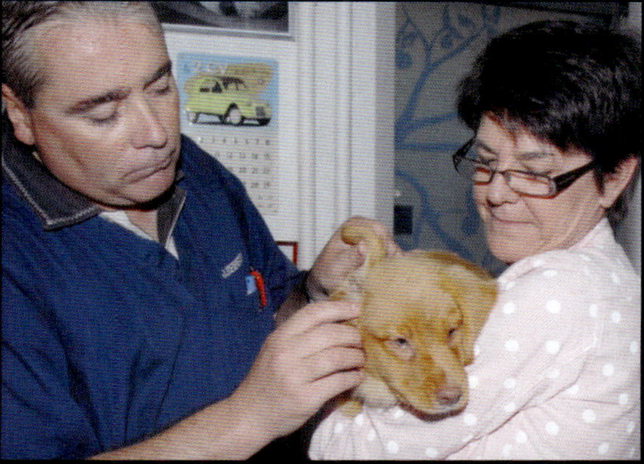

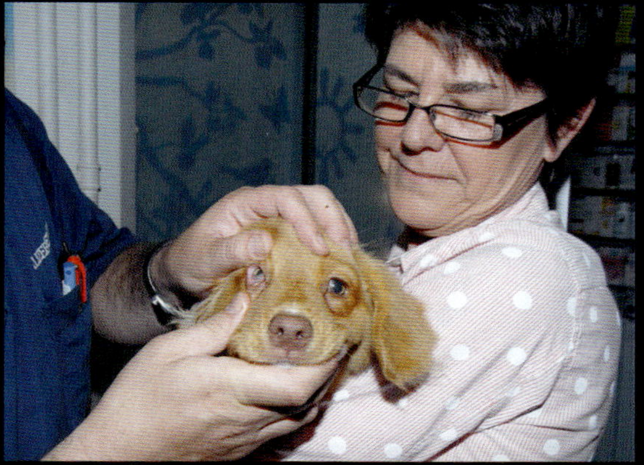

▲ Les premières manipulations se font sans instruments et dans les bras de la « maîtresse » de June, ici.

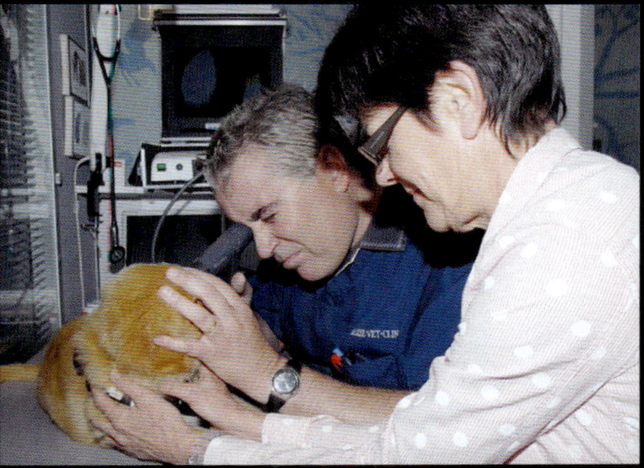

▲ Auscultation du conduit auditif.

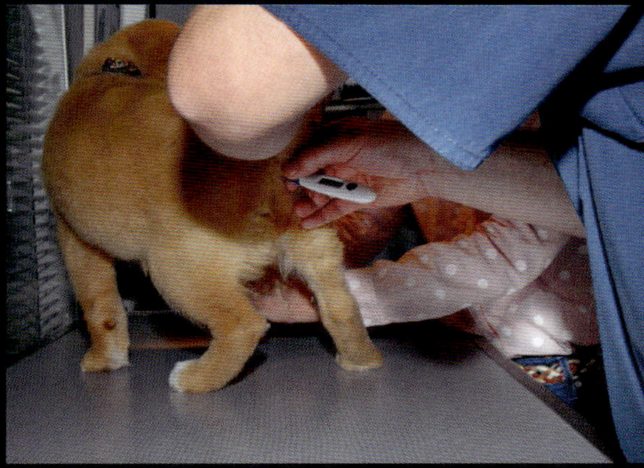

▲ Rencontre avec un thermomètre (déjà testé à la maison).

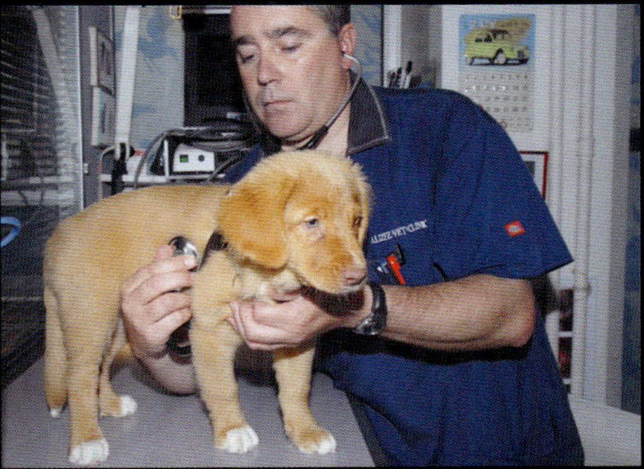

▲ Découverte du stéthoscope.

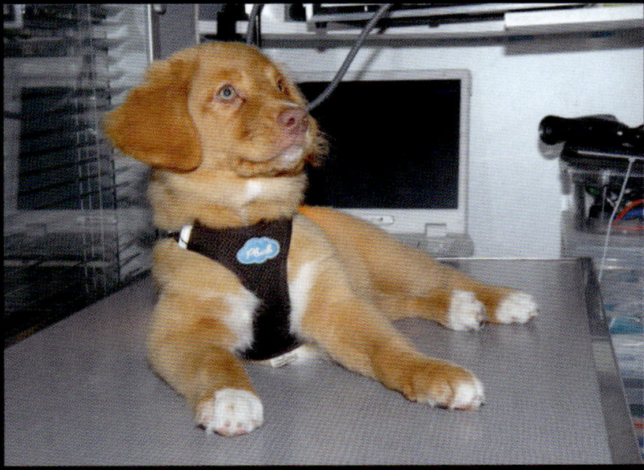

▲ L'examen est fini. June est décontractée. Mission réussie !

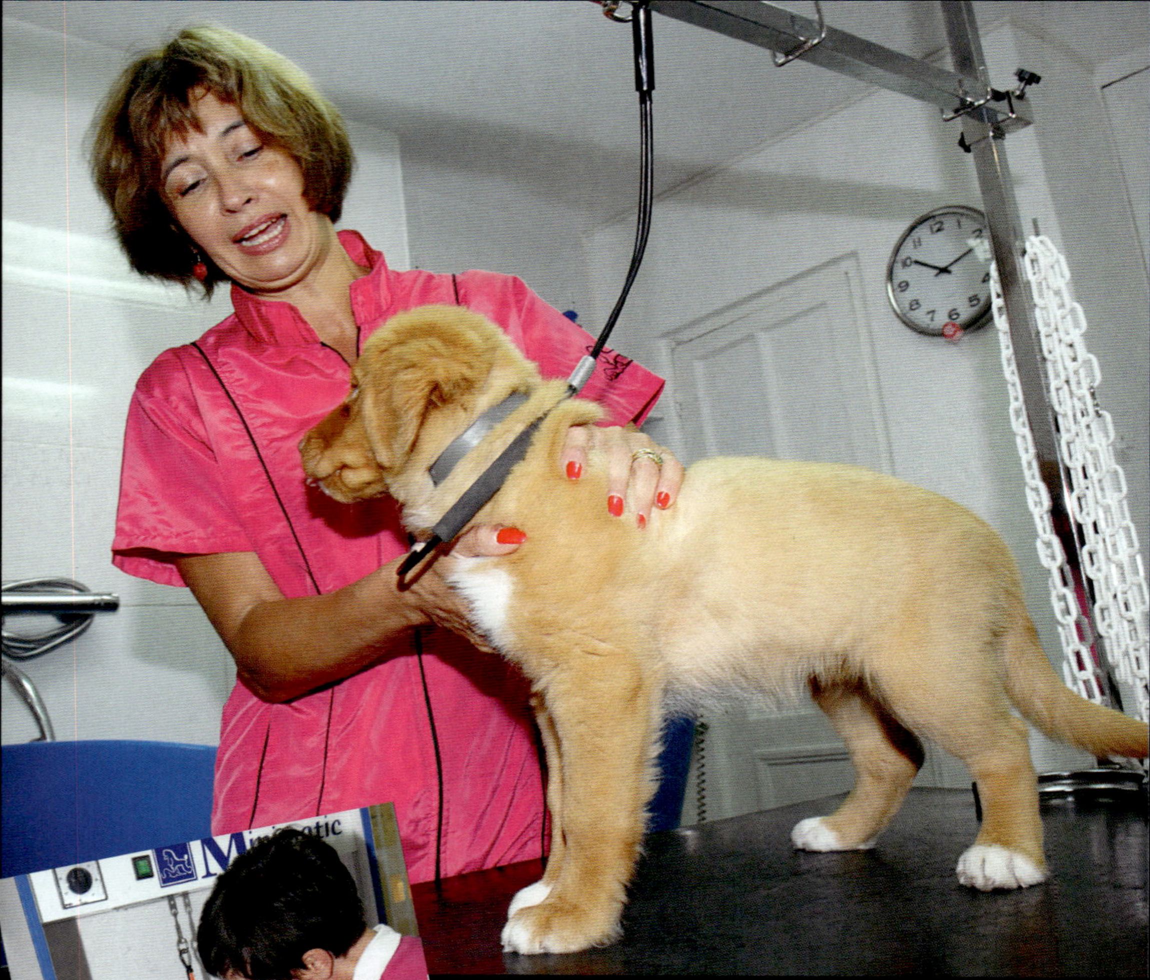

▲ Premiers pas dans la cage de séchage.

Au salon de toilettage

Cette première visite permet de familiariser June aux différents composants du salon. Elle reviendra plusieurs fois avant d'avoir son premier bain.

Rencontre avec la toiletteuse.

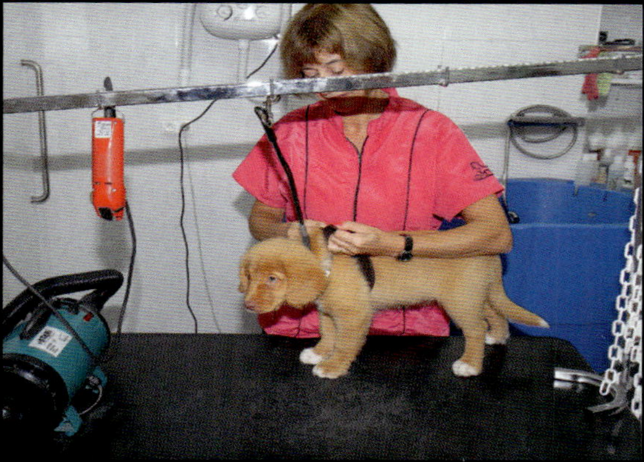

Découverte de la table de toilettage.

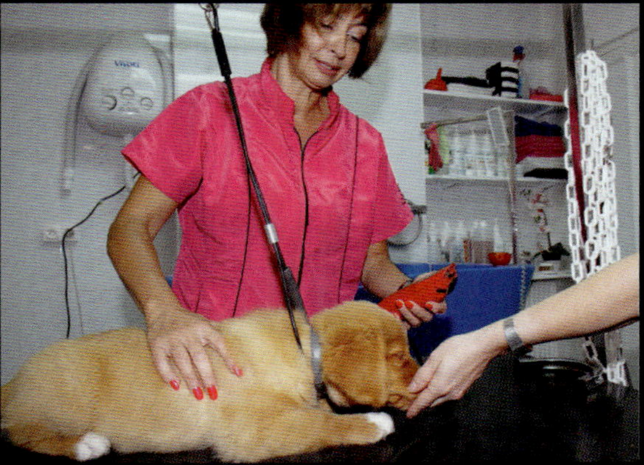

Familiarisation au bruit du moteur.

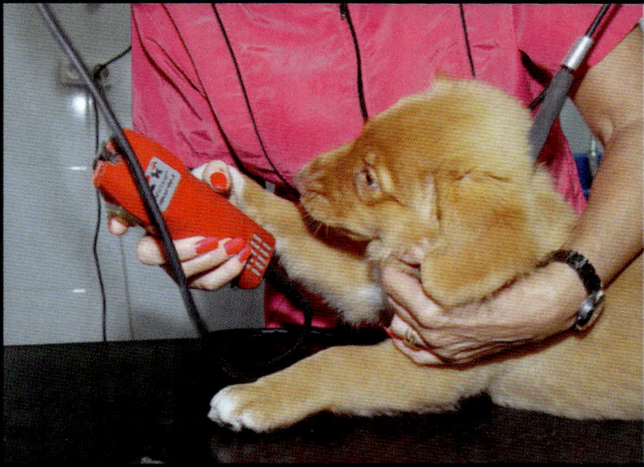

Découverte de la tondeuse.

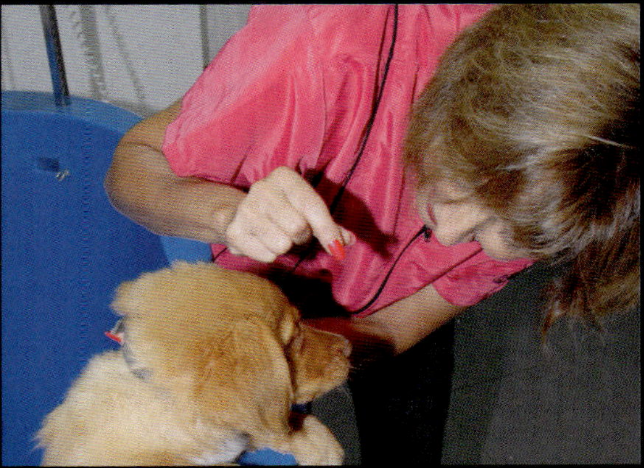

Association positive avec la baignoire.

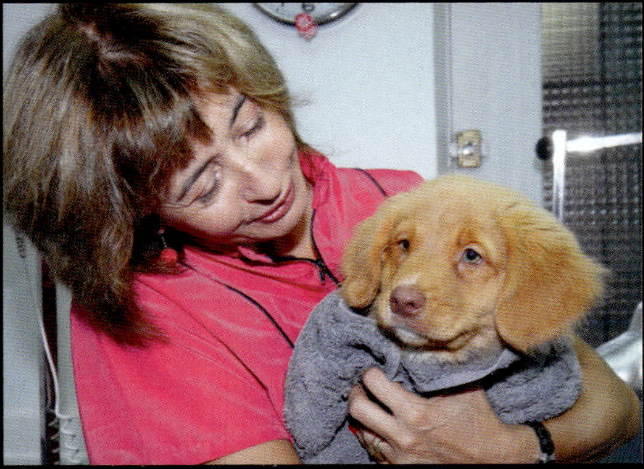

June reviendra avec confiance.

Renforcer les autocontrôles

Il est important que votre chiot apprenne quels sont les bons comportements à adopter. Faites-lui comprendre qu'il a bien fait en **récompensant ses bonnes attitudes**. Il modifiera son comportement en fonction de la **réponse de son environnement**.

L'inhibition à la morsure

C'est un apprentissage qui se fait au quotidien. Il va falloir faire comprendre à votre chiot que ce qu'il a appris avec sa mère et sa fratrie, en terme de contrôle de sa mâchoire, n'est pas suffisant pour nous et encore moins pour la peau fragile des enfants ou des personnes âgées.

➲ Lorsqu'un chiot mord trop fort au sein de la fratrie et qu'il récidive sans changer de comportement, l'autre arrête de jouer dans un premier temps. Si cela ne suffit pas, la mère entre en scène en réprimandant le chiot mordeur. Petit à petit, ce dernier comprend qu'il doit mordre moins fort pour que le jeu continue. Vous allez continuer de la même façon en arrêtant systématiquement vos caresses lorsque votre chiot vous mordillera.

➲ Vous pouvez également crier un « Aïe » retentissant comme le ferait un chiot mordu, pour faire comprendre au mordeur qu'il y va fort ! Quelques secondes après avoir retiré vos mains, vous recommencez à jouer avec votre chiot et dès qu'il repose les dents sur vous,

BON À SAVOIR

Tout comportement récompensé est renforcé dans la tête du chiot. Le renforcement augmente la probabilité que le comportement se reproduise, voire devienne systématique. Tout comportement puni diminue la probabilité qu'il se reproduise puisque le chiot cherche avant tout son plaisir. La punition la plus efficace pour un chiot est de lui retirer quelque chose d'agréable (voir p. 98 et 99, la punition négative).

vous arrêtez ; vous réitérez l'exercice plusieurs fois de suite pour lui donner la possibilité de comprendre que s'il mord moins fort, le jeu continue ; s'il mord trop fort, le jeu s'arrête.

➲ Attention, sur certains chiots le « Aïe » peut avoir l'effet inverse et le rendre encore plus excité. Si tel est le cas, levez-vous, éloignez-vous de lui et ignorez-le quelques instants avant de revenir jouer. Répétez plusieurs fois cette opération. Si rien ne change, arrêtez toute interaction avec votre chiot et isolez-le au besoin. **À vous d'adopter votre réponse en fonction des réactions du chiot.**

➲ Si au fil des jours, vous notez un changement positif dans le comportement de votre chiot, c'est que vous êtes sur la bonne voie ! Continuez ainsi en devenant de plus en plus exigeant. S'il continue de mordre toujours aussi fort, faites appel à un éducateur en méthode positive qui vous aidera.

Le travail de la gamelle

1er exercice : lorsque vous préparez la gamelle de votre chiot, ne mettez qu'une partie de sa ration dedans et posez-la au sol. Pendant qu'il mange, appelez-le ou bien faites un petit son afin de ne pas le surprendre et mettez le reste de sa ration dans sa gamelle. Faites plusieurs voyages avec votre main de façon à ce qu'il puisse associer : main près de ma gamelle = de la nourriture en plus. À raison de 3 repas par jour, cela ira vite !

➲ L'étape suivante sera de prendre la gamelle pour la remplir à nouveau et la reposer ensuite. Vous pouvez également mettre vos mains dans la gamelle pendant que votre chiot mange. Associez tous les membres de la famille à cet exercice. Il est entendu que cela reste un exercice et une fois que le chiot l'a bien assimilé, on le laisse tranquille lorsqu'il mange. Mais il faut lui apprendre qu'il peut arriver qu'un jour on le bouscule pendant qu'il mange, qu'un enfant qui a échappé à la surveillance de ses parents arrive trop près de la gamelle... Tous ces petits exercices aideront le chiot à mieux réagir dans ce genre de situation.

2e exercice : le but consiste à ce que votre chiot reste éloigné de sa gamelle tant que vous ne lui donnez pas le signal d'y aller. Préparez la gamelle et maintenez-la en hauteur tant qu'il n'est pas assis. Commencez à abaisser la gamelle vers le sol, mais dès que votre chiot se lève, vous la remontez pour qu'elle ne lui soit pas accessible et ainsi de suite. Vous répétez l'opération jusqu'à ce que votre chiot reste assis malgré la gamelle posée au sol et vous lui donnez de suite le signal qu'il peut y aller. Les fois suivantes, vous le ferez attendre un peu plus et ainsi de suite jusqu'à ce qu'il

◀ Apprenez à votre chiot à contrôler sa mâchoire.

reste de plus en plus longtemps à attendre votre signal. Cet exercice vous permet de travailler sur la patience du chiot, mais aussi de renforcer votre rôle déterminant de leader qui le guide.

➲ Par la suite, lorsqu'il a compris ce que vous attendez de lui, vous pouvez mettre un mot sur cet exercice tel que « Tu attends ». Vous pourrez le réutiliser dans bon nombre de situations quotidiennes. À vous de trouver le mot qui vous vient facilement à l'esprit.

➲ Pour pimenter l'exercice dans ce contrôle de la patience, lorsque vous avez préparé la gamelle, au lieu de venir à lui comme il s'y attend et de lui donner, retournez-vous, dos au chien donc, et quittez la pièce quelques secondes. Puis augmentez la durée progressivement à raison de ce que pourra supporter votre chiot et revenez lui donner sa gamelle.

➲ Vous pouvez également faire de même avec la laisse : beaucoup de chiens s'agitent terriblement au moment des sorties, et cela devient vite infernal quand il faut se baisser pour mettre la laisse. Pour y remédier, prenez la laisse à n'importe quel moment de la journée, déplacez-la sans porter attention à votre chiot et retournez vaquer à vos occupations. Vous pouvez le faire plusieurs fois dans la journée, jusqu'à ce que la laisse perde sa valeur de « sortie à tout prix ». Vous ramassez un de ses jouets préférés et au lieu de lui lancer, vous le posez hors de sa portée en faisant semblant d'être occupé ailleurs et vous lui lancez lorsqu'il a retrouvé son calme... **Tous ces petits exercices vous aideront au quotidien, et sont transposables pour tout objet déclenchant une réaction particulière chez votre chiot.**

Les sorties

Lors des départs, votre chien ne doit pas sauter partout pour attraper sa laisse, ou gratter à la porte pour sortir. Dans l'idéal, il attend calmement à la porte, en position assise, que vous lui mettiez son collier ou sa laisse et que vous lui donniez le signal du départ. **À vous d'avoir toujours la bonne attitude pour que votre chiot comprenne où vous voulez en venir.** Le chien étant opportuniste, il recommencera tous les comportements qui lui apportent une satisfaction : si vous lui ouvrez la porte pendant qu'il gratte, il comprendra que c'est bien de gratter et il recommencera, voire il augmentera son comportement, pensant que la porte

▲ Attendez que votre chiot adopte une bonne attitude avant de lui donner sa gamelle.

s'ouvrira encore plus vite. A contrario, si vous attendez que votre chien redescende un peu en excitation avant de lui ouvrir, il comprendra petit à petit que la porte s'ouvre plus rapidement lorsqu'il est calme. Il fera alors en sorte de reproduire ce comportement. Par la suite, vous augmenterez vos critères en lui demandant de s'asseoir et ensuite de rester assis tant qu'il n'a pas eu le signal du départ. Cela aidera votre chiot à renforcer ou à acquérir les autocontrôles qui feront de lui un chien facile à vivre au quotidien et vous renforcerez votre rôle de guide auprès de lui.

Récapitulatif des points clés

Voici un récapitulatif, non exhaustif, des apprentissages à mettre en place pour avoir un chien bien éduqué au quotidien. Pour cela, aidez-vous du **trio gagnant** :

- Patience
- Cohérence
- Récompenses

Les apprentissages

La propreté.
La socialisation (période cruciale qui se termine lorsque le chiot atteint ses 3 ½ - 4 mois).
L'inhibition à la morsure.
La gamelle (le chien doit accepter d'être caressé pendant qu'il mange, qu'on prenne sa gamelle avant qu'il ait fini, qu'on mette les mains dans sa gamelle...).
Les manipulations (caresses, prise des pattes, prise du collier, manipulation des oreilles, de la gueule...).
Le détachement/la séparation (apprendre au chien à rester seul dans une pièce, porte fermée alors que vous êtes dans une autre pièce...).
La solitude (ignorer le chien dix à quinze minutes avant de partir et attendre qu'il se calme avant de lui prêter attention lors de vos retours à la maison, lui apprendre à rester dans la cuisine même si vous ne sortez pas, l'aider à supporter la solitude à l'aide d'un jouet d'occupation...).
Les ordres de base : « Assis », « Couché », « Pas bouger », « Panier »...
La marche en laisse et le rappel.

Avoir les bons réflexes

Être à l'origine des interactions avec le chien de façon à rester le leader !

Montrer à votre chiot ce que vous attendez de lui en lui donnant la possibilité de comprendre et en ayant toujours la même réponse pour un même comportement.

Ignorer ou détourner les comportements indésirables. Plus vous porterez attention à votre chien, même pour le gronder, plus vous prenez le risque de voir la « bêtise » se reproduire.

Garder à l'esprit que pour ignorer son chien, il faut réunir les trois conditions suivantes :

- Ne pas lui parler
- Ne pas le toucher
- Ne pas le regarder

Si vous devez le repousser (s'il met ses pattes de devant sur la table, par exemple, ou sur vos genoux pour réclamer une caresse...), faites-le avec la jambe ou l'avant-bras plutôt qu'avec la main qui est plus synonyme de caresses/récompense.

Notions d'apprentissage

Le chien apprend par **association** et **habituation** ; il faut donc que vous puissiez répéter souvent les choses, et ce de façon très rapide, pour qu'il puisse assimiler l'information. Si vous laissez passer plus d'une minute entre chaque réalisation de l'exercice, votre chiot passera à autre chose (les chiens ont des séquences comportementales très courtes !), et il n'aura pas la possibilité de comprendre, même avec de la bonne volonté.

Vous devez travailler d'abord le comportement, puis lorsque le chien le fait facilement, associer le mot et/ou le geste au moment où le chien produit le comportement souhaité. Répétez l'exercice 30 à 50 fois en associant toujours le mot au comportement puis mettre le mot en signal du comportement.

Comportement puis comportement/signal associés puis signal = comportement.

Cette chronologie d'apprentissage est indispensable pour tous les exercices que vous souhaitez travailler avec votre chien.

Une fois cette dernière étape franchie, continuez de récompenser systématiquement pendant une semaine environ puis la récompense, en devenant aléatoire, fixera le comportement. Elle disparaîtra progressivement de façon à maintenir la motivation de votre chiot. La récompense est un renforçateur ; grâce à elle, tous les bons comportements qui sont récompensés vont être renforcés dans la tête du chien ; il va donc les produire fréquemment, voire systématiquement, puisqu'il y aura une satisfaction à la clé.

Rappel : la récompense n'est pas seulement un jouet ou une friandise mais tout ce que désire le plus votre chiot à l'instant T.

L'éducation positive

L'éducation, un engagement

Tous les chiots, et par extension les chiens, sont capables d'apprendre, quel que soit leur âge. La difficulté n'est pas d'obéir en tant que tel mais de comprendre ce que l'on attend d'eux. Certes, vous allez devoir faire preuve de **patience**, de **cohérence** et de **persévérance**, mais votre compagnon vous le rendra au centuple, car plus que de l'éducation, vous lui aurez donné la possibilité d'avoir confiance en vous ; il n'y a pas meilleur ciment pour bâtir une relation harmonieuse avec son chien.

Les 4 principes d'éducation

L'apprentissage de manière universelle se base sur 4 grands principes :

Les **renforçateurs positifs et négatifs** et les **punitions positives ou négatives** (voir pages 92 et 93, la punition).

- Le R + **amène** une conséquence agréable suite à une action.
- Le R – **enlève** une conséquence désagréable suite à une action.
- La P + **ajoute** quelque chose de désagréable pour le chiot.
- La P – **enlève** quelque chose d'agréable pour le chiot.

Le chiot va donc obéir pour deux raisons : éviter un retour désagréable et recevoir une réponse agréable, positive. L'on conviendra qu'il est bien plus motivant de travailler pour recevoir une récompense plutôt que pour éviter une punition. **L'un entraînant une motivation toujours plus grande alors que l'autre engendre stress et anxiété.**

Qu'est-ce que le renforcement positif ?

Les renforcements cherchent à faire reproduire un comportement et à l'augmenter en intensité et en fréquence. Le renforcement positif est une valeur universelle. Nous agissons tous pour avoir une gratification, un sourire, un compliment, un salaire, un échange de bon procédé... Et il en est de même pour nos animaux. Forts de ce constat, nous pouvons en déduire qu'un chiot qui travaille par évitement fera le minimum afin d'échapper à une punition éventuelle alors qu'un chiot qui travaille pour recevoir une gratification vous donnera au-delà de vos attentes et sera heureux de travailler et d'apprendre avec vous !

Éduquer son chien de manière positive, c'est-à-dire en le motivant, en le guidant avec patience, et surtout en essayant de le comprendre au mieux, lui apporte la confiance dont il a besoin pour s'épanouir et par là-même enrichit votre relation avec lui.
L'obé rythmée est un pas de deux, maître et chien, qui implique une parfaite complicité et un bon sens artistique. Elle consiste à mettre en scène des exercices d'obéissance sur de la musique.
Ici, grâce à sa jeune maîtresse qui l'a encouragée au quotidien avec la méthode du clicker-training (voir p. 108 à 119), Lulu nous fait une démonstration éloquente de leur complicité avec ces différentes chorégraphies (photos 1 à 6). Et pour finir le salut (photo 7) !
Sur la photo 8, on peut voir la joie de vivre de Lulu.
Photo 1 : **saut entre les bras positionnés en cerceau.**
Photo 2 : **saut entre les jambes positionnées en 4.**
Photos 3 et 4 : **préparation au « flip » sur la poitrine.**
Photos 5 : **: saut par-dessus la jambe.**
Photo 6 : **taper sur les mains.**

1

2

3

4

5

6

7

8

La méthode positive

En éducation positive, c'est **la motivation et le plaisir du maître et de son chiot à travailler ensemble** qui nous intéresse, c'est pourquoi cette méthode se base sur le **Renforcement +** et la **Punition –** car nous partons du principe qu'il vaut mieux récompenser l'effort que punir l'échec.

➲ **Faire le choix d'une éducation positive,** c'est interagir avec son chiot en respectant son état émotionnel et son intégrité physique pour une confiance réciproque ; c'est comprendre comment fonctionne son chiot pour agir autant sur le fond que sur la forme et surtout l'amener toujours plus haut vers le succès pour développer une relation incroyablement belle où éducation rime avec compréhension !

➲ **Au quotidien,** cela se traduit par des interactions heureuses et bien comprises, un bon travail d'équipe qui vous apporteront à vous et votre chien une solide complicité. Plus vous partagerez d'activités avec votre chiot plus il vous sera facile de l'éduquer. La meilleure façon de savoir ce qui est le mieux en matière d'éducation est de vous mettre à la place de votre animal.

➲ **Ne soyez pas avare de compliments :** bien souvent, nous sommes plus enclins à montrer notre mécontentement qu'à souligner ce qui nous semble bien. Il faut renverser le processus sinon votre chiot ne comprendra jamais ce que vous attendez de lui. Marquez le coup par un regard, une caresse, le sourire dans la voix, dès qu'il fait quelque chose de bien ou qu'il réussit à canaliser un comportement indésirable ; encouragez-le vers la voie que vous recherchez.

➲ **Soyez cohérent :** si lorsque vous rentrez chez vous, votre chiot vous saute dessus et que vous le laissez faire, il n'aura aucun moyen de comprendre que lorsqu'il aura grandi et sera devenu beaucoup plus lourd, il ne devra plus le faire ! Puisqu'il aura toujours été récompensé pour ce comportement auparavant ! **Gardez aussi à l'esprit que pour bien réussir, il faudra l'implication de toute la famille.** En effet, il est important que vous ayez tous le même discours pour ne pas mettre votre chiot en situation d'échec. Si les réponses sont différentes d'un membre de la famille à l'autre, il sera en pleine confusion et ne pourra pas savoir quelle est la bonne attitude à adopter !

Le secret de la réussite ?

Le chiot apprend entre autres par **association, habituation** et **mimétisme.** Retenez surtout association et habituation. Plus vous habituerez votre chiot à avoir telle attitude à tel moment, plus il pourra reproduire ladite attitude au bon moment. Plus vous associerez la friandise aux bons comportements, plus votre chiot les reproduira facilement et spontanément. Par ailleurs, les séquences du chiot étant très courtes, il vous faudra un bon timing pour que **votre récompense arrive pile sur le moment** que vous souhaitez renforcer et pas après. La précision est très importante.

Autre petit point à prendre en compte : votre chiot se lasse très vite. Pensez à toujours être intéressant et stimulant pour lui ; faites des séances courtes, arrêtez-les avant qu'il ne se lasse pour lui donner envie de toujours recommencer.

L'obéissance n'est pas un fait acquis

Le chien n'est pas obéissant par nature ; ce n'est pas inscrit dans ses gènes qu'il faut s'asseoir à la commande, rester dans son panier alors qu'il y a des gâteaux apéritifs sur la table basse... Il aurait plutôt tendance à faire main basse sur tout ce qui se mange dès l'instant que c'est à sa portée, mâchouiller ce qui lui passe par la tête dès lors qu'il s'ennuie. D'autre part, ce n'est pas parce que votre chiot aura compris ce qu'il fallait faire qu'il le fera nécessairement.

Sachez adopter le point de vue de votre chiot.

Si vous lui demandez de revenir vers vous alors qu'il vient juste de voir un lapin filer sous son nez ou un congénère qui arrive en frétillant, il aura besoin d'une forte motivation pour se détourner de tous ces stimuli et vous rejoindre ! Il est indispensable de voir la situation du point de vue du chiot plutôt que de notre point de vue d'humain afin de comprendre où se situe sa motivation à faire telle ou telle action. Il faut **donner envie** à votre chiot de faire ce que **vous voulez.**

Devenez le leader.

Malheureusement, on entend encore trop souvent ce genre de réflexion : « Ne vous laissez pas dominer

Profitez des moments à l'extérieur pour généraliser les apprentissages.

IDÉE REÇUE !

Une bonne manière de réprimander le chiot est de le secouer par la peau du cou.

FAUX. Il ne faut pas punir un chiot en le secouant par la peau du cou sous prétexte que sa mère le faisait ! Lorsque la mère attrape ses chiots par le cou, c'est pour les déplacer. Lorsqu'une mère se fâche après un chiot, elle l'immobilise avec ses pattes en le plaquant au sol. Pour les grosses réprimandes, elle peut ouvrir sa gueule en grand, juste au-dessus de la tête du chiot, et secouer sa tête autour de celle de son chiot en grognant, mais elle ne secoue pas son chiot ! Si votre chiot s'agite trop, vous pouvez alors le maintenir au sol avec une légère pression et le relâcher dès qu'il se calme. Il s'agit d'établir un contrôle du mouvement au même titre que la patte de la mère qui immobilise son petit. Et pour en finir, il ne sert à rien de mettre son chiot sur le dos pour le soumettre en ayant l'impression d'être le dominant. Il faut savoir qu'à l'état naturel, quand il y a conflit entre deux congénères, le plus faible va se mettre de lui-même sur le dos en signe d'allégeance. Ce n'est en aucun cas le dominant qui prend son congénère pour le retourner ! Le mouvement du plus faible est volontaire. Ça fait partie de son langage pour faire comprendre à l'autre qu'il faut cesser le combat.

par votre chiot, il faut le maîtriser une bonne fois pour toutes, sinon, quand il sera adulte, vous ne pourrez rien en faire ! » N'oubliez jamais que le dominant impose sa volonté par la force et la crainte qu'il inspire, ce qui génère chez le chien stress, anxiété et insécurité. Le leader, quant à lui, a confiance dans ses capacités à guider et influencer. Il montre la voie à suivre en faisant appel à son sens de la communication et de la motivation et en instaurant une relation d'assurance, dans le respect et la cohérence. Le leader est à l'origine des interactions avec son chiot. C'est lui qui décide quand débutent les échanges et quand ils s'arrêtent. Il définit aussi les heures des repas et le temps que doit rester la gamelle au sol, par exemple, mais rien ne vous oblige à faire manger votre chiot après vous ! Par contre, vous serez attentif à ce que votre chiot reste à sa place pendant vos repas.

Exercices et jeux

Exécuter de petits tours tels que « L'ours » ou « Tape m'en 5 » permet d'amener un côté ludique aux sorties et entraîne le chiot à se concentrer sur autre chose que ce qui l'entoure.

La motivation

On ne peut pas parler d'éducation sans s'arrêter au préalable sur les notions de l'apprentissage et de la motivation. Cette motivation est indispensable à tout apprentissage. Elle est la clé du succès ! Le circuit de la récompense, quelle que soit la motivation de votre chiot, est au cœur de ses actions et oriente ses comportements de façon à obtenir cette récompense. La motivation du chiot est essentielle pour l'initier, le guider et maintenir ensuite les comportements qui nous intéressent.

Sans pour autant rentrer dans les détails, il faut savoir qu'il y a deux types de motivation : **la motivation intrinsèque** qui est le résultat d'une action qui satisfait votre chiot de façon immédiate sans faire appel à un renforçateur et la **motivation extrinsèque** qui consiste à amener votre chiot à faire une action pour obtenir une récompense. Cette motivation sera plus difficile à obtenir et dépendra du renforçateur que vous mettrez à disposition du chiot. **Plus l'action sera difficile à réaliser, plus la récompense devra être de forte valeur.**

ASTUCES !

Recette friandise maison à base de foie séché

Portez à ébullition 1 litre d'eau, ajoutez-y une toute petite pincée de sel et mettez-y une tranche de foie de génisse à bouillir pendant 10 minutes. Vous pouvez y ajouter une étoile de badiane ou de l'anis étoilé, la plupart des chiens en sont très friands. Sortez ensuite la tranche de l'eau, et épongez-la soigneusement avec du papier absorbant. Découpez-la en lamelles d'environ 1 cm de largeur et disposez les lamelles sur du papier sulfurisé pour les faire sécher pendant une heure dans un four à 180 °C que vous aurez préchauffé. Sortez-les du four pour les couper en petits dés de façon à ce qu'ils soient vite avalés par votre chiot lors des séances d'éducation. Replacez les dés sur la plaque de cuisson et remettez-les dans le four éteint pour qu'ils finissent de sécher. Il ne vous reste plus qu'à les mettre dans une boîte hermétique, de préférence au frigidaire pour pouvoir les garder une semaine environ.

Les récompenses

Les bons leviers de la motivation passent par les récompenses. Il en existe plusieurs types : récompenses sociales (caresses, regard, voix), les récompenses du quotidien (la porte qui s'ouvre quand le chiot veut sortir, la laisse qui annonce la promenade...), et les récompenses de plus fortes valeurs comme les jouets et les friandises.

Vous trouverez toutes sortes de friandises dans le commerce allant des biscuits pour chien aux lamelles 100 % viande séchée. Il est important de bien lire les étiquettes des produits. Une bonne friandise aura un fort pourcentage de viande dans le produit fini, elle sera si possible sans maïs ni blé qui sont peu digestes et peuvent être des allergènes et elle ne contiendra que peu de graisse. Elle sera aussi facile à couper en tous petits morceaux. Ce qui est important, ce n'est pas la taille de la friandise, mais la fréquence à laquelle vous allez la donner ; mieux vaut donner dix petits morceaux qu'un seul grand !

La récompense est sans doute le moyen le plus facile et le plus efficace pour parvenir au comportement souhaité. Elle ne doit surtout pas rester exceptionnelle si l'on veut rapidement la faire disparaître ; plus vous serez généreux, moins votre chiot aura la possibilité de la remettre en question plus tard.

➲ **Il y a deux façons de récompenser votre chien : d'abord de façon systématique afin de l'aider à mémoriser un comportement, puis de façon aléatoire afin de fixer les comportements dans sa mémoire.** Une fois les comportements bien ancrés, la récompense disparaîtra progressivement afin de maintenir la motivation du chiot. Mais, on ne le dira jamais assez, elle doit être donnée au moment précis où votre chiot adopte le comportement souhaité pour qu'il puisse correctement associer les deux.

Encore une fois, pour bien travailler, votre chien aura besoin de tous vos encouragements, même pour de

petits progrès, de votre patience, d'une bonne dose de motivation, de votre précision dans tout ce que vous récompenserez, de séquences courtes pour rester au meilleur de sa motivation… À vous d'être un bon coach, donnez-lui l'envie d'être avec vous, et de vous faire confiance ! Encouragez tout ce qui vous semble bon et ignorez le reste. Et si vous vous sentez dépassé, n'attendez pas, faites appel à un(e) professionnel(le) qui saura vous donner les bases qui vous manquent et être à votre écoute.

Comme tout apprentissage, il faut commencer avec le moins de difficulté possible. Ici, la partie souple du tunnel est enlevée pour éviter que le chiot ne se prenne les pattes dedans. Elle sera remise en place progressivement afin que le chiot reste à l'aise dans cet exercice. Le tunnel permet de renforcer la confiance, familiariser le chiot en variant les supports (couleurs, matières, environnement sonore), tout en restant une expérience ludique que les chiots adorent.

Photo 1: **placez le chiot devant l'entrée du tunnel sans exercer de contrainte (vous pouvez être à deux, comme ici, pour faire cet exercice).**

Photo 2: **pour plus de facilité, les débuts ne se font qu'avec la partie rigide du tunnel.**

Photos 3 et 4: **attirez le chiot en vous plaçant à l'autre bout du tunnel, de façon bien visible au départ.**

Photo 5: **la récompense est au bout du tunnel !**

2

1

Jeu et récompense

Le jeu est un très bon moyen d'éducation qui renforce les autocontrôles du chiot. Ici, Molly s'assoit, et son jeune « maître », en lui lançant le bâton, va la récompenser (photo 1). Cela agira comme un renforçateur du comportement assis. Puis lorsqu'elle ramène son jouet, elle apprend également à le lâcher pour que le jeu continue, cela agit sur le contrôle de sa mâchoire (photos 2 à 4). Enfin, Molly travaille sa patience puisqu'elle apprend à ne pas sauter bien que son « maître » la tente en levant le bâton (photos 5 et 6). Le jouet peut être à la fois un leurre et une récompense. En le lançant au-dessus de l'obstacle (photo 7), on aide Molly à sauter pour le récupérer et l'attraper (photo 8).

3
4
5
6
7
8

La punition

La punition est une réponse qui tend à faire diminuer un comportement gênant. Il y a deux façons de punir : en **retirant** un stimulus agréable on parle de **punition négative** (P-). En **ajoutant** un stimulus désagréable, on parle de **punition positive** (P +).

Exemples de situation

Votre chiot est tellement heureux d'aller se promener qu'il est tout excité ; il saute partout et gratte à la porte en aboyant.

Réponse 1 : vous lui donnez une saccade avec la laisse pour le rappeler à l'ordre. Vous rajoutez un stimulus désagréable, vous êtes donc dans la punition positive (P +).

Réponse 2 : vous entrouvrez la porte et la repoussez aussitôt de façon à ce qu'il ne puisse pas sortir et vous observez les réactions de votre chiot. S'il se calme un peu, vous ouvrez plus grand la porte. S'il s'agite beaucoup, vous patientez encore un peu jusqu'à ce qu'il se calme ou vous l'appâtez en rouvrant et repoussant la porte afin qu'il voie que vous attendez quelque chose de lui. Faites cela jusqu'à ce qu'il comprenne que s'il est plus calme, la porte reste ouverte (généralement, cela ne prend pas plus de quelques répétitions). Dans cette situation, vous enlevez un stimulus agréable (la porte qui s'ouvre), tant que votre chiot n'a pas le comportement désiré, vous êtes donc dans la punition négative (P-).

Vous êtes au parc avec votre chiot, vous lui lancez son jouet, mais il est tellement excité qu'il vous saute dessus en aboyant.

Réponse 1 : vous lui mettez un petit coup sur le nez avec son jouet pour le réprimander. Vous ajoutez, de fait, un stimulus désagréable ; vous êtes donc en P +.

Réponse 2 : vous attendez que votre chiot se calme avant de lui lancer son jouet. Vous lui retirez un stimulus agréable (le jouet) tant qu'il n'adopte pas un comportement satisfaisant ; vous êtes alors en P-.

Quelle est la différence entre ces deux punitions dans ces deux situations ?

Dans les deux cas de la punition positive et négative, votre chiot a fini par se calmer. Vous pourriez donc supposer qu'elles se valent l'une l'autre et pourtant…

➲ Dans la première situation, avec la punition positive, qui ajoute donc un stimulus désagréable pour votre chien (la saccade avec la laisse), il risque à la longue d'associer la porte ou la laisse à toutes sortes de phénomènes négatifs ; ceux-ci commenceront par

BON À SAVOIR

Plus vous serez négatif dans l'éducation de votre chiot, plus il cherchera à vous éviter et à échapper à votre contrôle. Vous vous enfoncerez petit à petit dans un état de guerre permanente. Et punir un comportement n'apprendra pas à votre chiot quel est le bon comportement à adopter. Sachez également que pour être efficace, une punition n'a pas besoin d'apporter violence, douleur ou peur. Il vous suffit de soustraire à votre chiot quelque chose qu'il aime !

les saccades reçues et pourront finir par une mauvaise association de tout ce qui se fait avec la laisse en tant que tel : les sorties en extérieur, les congénères, si dès qu'il tire pour aller vers eux, il reçoit une saccade au niveau du cou ; il peut aussi associer tout ce qui se passe vers la porte aux saccades qu'il aura reçues, et notamment l'arrivée des visiteurs...

➲ Dans la deuxième situation, toujours avec la punition positive, il obéit pour ne plus subir le coup sur le museau ; il est refréné dans son ardeur, mais si la situation se répète, il risque d'anticiper le coup à venir et cela va générer à la longue de l'anxiété, du stress qui vont polluer vos interactions, alors que le jeu ne devrait être source que de complicité entre lui et vous.

La punition positive va faire alors plus de mal que de bien. Une forte punition peut à la longue nourrir l'agressivité du chien. **Votre relation, basée sur la contrainte, ne sera ni stimulante pour votre chiot ni gratifiante pour vous.**

Dans le cas de la punition négative, qui va enlever un stimulus agréable pour votre chiot, il s'est assis ou reculé de la porte, sans contrainte, après s'être calmé de lui-même. Il a cherché différentes façons de se comporter avant de comprendre qu'en étant assis, la porte s'ouvrirait plus vite ou qu'il obtiendrait plus vite son jouet. Du coup, vous avez un impact sur plusieurs tableaux à la fois : votre chiot apprend à contrôler son excitation, vous renforcez à la fois ses autocontrôles et le comportement « assis » puisqu'il est suivi d'une récompense (le jouet) et vous lui donnez l'occasion de trouver de lui-même les comportements qui valent d'être récompensés. Votre chiot est stimulé mentalement et va prendre confiance en vous au fil de son apprentissage ; votre relation sera équilibrée et joyeuse.

Un des intérêts majeurs de l'éducation positive est de combiner ces deux moyens d'action : le renforcement positif (R +) pour faire augmenter les bons comportements et la punition négative (P-) pour faire diminuer les mauvais.

Les ordres de base

Les ordres ou signaux de base sont des mots simples que vous allez apprendre à votre chiot afin qu'il puisse **les associer à un comportement précis.**

À quoi servent-ils ?

Ce sont des outils qui vous serviront au quotidien pour communiquer avec lui. Ils vous permettront de le guider pas à pas vers une vie d'adulte bien équilibrée.

Vous parlez une langue qui lui est étrangère, vous bougez de façon curieuse, bref, vous êtes une énigme pour votre chiot. Mais comme il est très observateur, il va rapidement apprendre à vous décrypter, voire même à anticiper certaines de vos actions. Bien entraîné, un chien peut facilement assimiler une trentaine de mots.

Au naturel, il sait déjà s'asseoir ou se coucher. Vous allez donc lui apprendre à réagir à un signal qui déclenchera le comportement attendu.

Indépendamment du fait que ce sont de bons exercices pour apprendre à votre chiot à interagir avec

vous en faisant appel à sa réflexion, ils sont aussi très intéressants pour le canaliser et l'amener progressivement vers plus de patience. Dès son plus jeune âge, il peut comprendre ce qui est permis et ce qui ne l'est pas. Il n'est jamais trop tôt pour commencer son éducation.

De quoi avez-vous besoin au quotidien ?

Le chien parfait n'existe pas, qu'on se le dise ! Faites-vous une petite liste réaliste de ce que vous aimeriez que votre chiot fasse lorsque vous êtes chez vous et lorsque vous êtes en société et de ce que vous pouvez mettre en place pour parer à ses comportements gênants. Cela vous aidera à déterminer les mots dont vous aurez besoin pour communiquer avec lui et vous faire comprendre.

Comment les apprendre à votre chiot ?

Plusieurs moyens s'offrent à vous pour lui inculquer ces ordres. Reportez-vous au chapitre traitant de l'apprentissage chez le chiot (voir p. 36 à 45). L'essentiel est qu'il puisse associer le comportement qu'il présente et le mot que vous mettrez dessus. Répétez suffisamment l'exercice afin que votre chiot le mémorise correctement.

Exercice : vous leurrez le chiot en position assise en lui mettant une friandise au-dessus de sa tête, la main légèrement vers l'arrière, puis vous lui donnez la friandise lorsqu'il pose ses fesses au sol et vous répétez plusieurs fois cette action. Après avoir réitéré l'exercice, vous attendez que votre chiot propose de lui-même le comportement assis et vous le récompensez en recommençant l'opération. Par la suite, vous superposerez le mot « Assis » au comportement du chiot et vous continuerez de répéter cette action. Enfin, le mot « Assis » deviendra le signal du comportement en se plaçant avant lui.

ASTUCES !

Créez pour vous une petite caisse à outils de base. Un « Assis », un « Couché », un « Reste », un « Panier », un « Tu attends », un « Tu laisses » et « Tu lâches ». Continuez de la remplir au fur et à mesure, en fonction de vos besoins du moment.
Par exemple, vous avez des invités qui arrivent ce soir, vous souhaitez que votre chiot reste calme et ne vous sollicite pas trop... Il faut donc qu'il sache répondre aux mots « Panier/Tu restes », ou « À ta place/Tu attends »... Il lui faudra avoir appris plusieurs mots pour une seule attitude.

Comment ça fonctionne ?

N'oubliez pas que grâce au renforcement positif, votre chiot sera enclin à reproduire systématiquement un comportement qui aura été récompensé. Fort de ce constat, tout ce que votre chiot vous proposera de bien pourra être récompensé et notamment le « Assis » qu'il aura tendance à proposer spontanément.

Photos 1 à 3 : **Pin's apprend à se coucher grâce au leurre de la friandise.**
Photo 4 : **Ici, Pin's ne contrôle pas sa patience et se jette sur la friandise. Elle ne l'obtiendra qu'une fois couchée au sol.**

À quel moment faut-il récompenser ?

La récompense doit arriver au moment exact où le chiot adopte le comportement désiré. Par exemple, pour le comportement assis, vous donnerez la récompense au moment où son arrière-train s'abaisse au sol. **Attention, si vous n'êtes pas assez rapide pour distribuer la friandise, votre chiot risque de se lever pour venir la chercher.** De ce fait, il sera plus difficile pour lui d'assimiler la récompense au bon comportement puisqu'il sera debout au moment où il sera récompensé.

Chronologie d'apprentissage

Une fois que votre chiot aura déterminé ce qui lui vaudra sa récompense, le « Assis » deviendra une évidence ; vous pourrez alors superposer le mot « Assis » au comportement et répéter l'opération suffisamment longtemps pour qu'il puisse assimiler que le mot équivaut au comportement. L'étape suivante consistera à mettre le mot avant le comportement pour qu'il devienne le signal du comportement : quand j'entends le mot « Assis », je m'assois. Une fois cette étape franchie, vous généraliserez l'exercice un peu partout dans la maison et en extérieur. Vous ferez en sorte de récompenser votre chiot lorsqu'il réagira à votre signal et non lorsqu'il vous proposera spontanément de s'asseoir.

BON À SAVOIR

Vous pouvez travailler tous les ordres de base de cette façon :
Étape 1 : renforcer un comportement et répéter.
Étape 2 : superposer un mot sur le comportement et répéter.
Étape 3 : mettre le mot en signal devant le comportement et répéter.
Étape 4 : généraliser l'exercice.

BON À SAVOIR

La marche en laisse et le rappel ne font pas partie des ordres, mais sont bien sûr indispensables et doivent être travaillés un peu chaque jour (voir p. 40-41).

Les trois " D"

Quels que soient les exercices que vous souhaitez aborder, insistez d'abord sur la **durée du comportement.** Puis lorsqu'elle est acquise, **travaillez à distance** de votre chiot, et enfin rajoutez des **distractions** (exercices en milieu riche en stimuli, avec des jouets ou de la nourriture à proximité du chiot, avec des congénères qui jouent au loin...). Pour apprendre à votre chiot les différents mots et comportements qui vous seront utiles, vous pouvez vous aider de la méthode du clicker-training ou « entraînement par le clicker » (voir p. 108 à 119). Cette méthode nécessite un minimum d'apprentissage de votre part. Plutôt que de vous lancer seul(e) dans l'aventure, prévoyez de prendre quelques cours afin de devenir rapidement autonome. En effet, si la méthode est relativement simple, il faut avoir une bonne notion du timing, être sûr de récompenser le moment voulu. Rappelez-vous que le chiot a des séquences comportementales très courtes.

Récapitulatif des points clés

L'éducation dite « amicale et positive » est le plus beau des chemins à emprunter pour éduquer son chien en développant une relation harmonieuse avec lui. C'est une méthode efficace et **sans violence** qui vous permet de guider et d'orienter votre animal vers les comportements que vous souhaitez qu'il adopte en respectant son **intégrité physique** et sa **sensibilité**.

Autorité en douceur

L'éducation positive n'est pas exempte d'autorité, bien au contraire, mais elle se base sur un rapport de leadership pour l'établir ; il n'est pas nécessaire d'employer la force pour soumettre votre chien à obéir et ruiner ainsi votre lien, mais vous pouvez l'amener vers le succès en le **récompensant** à bon escient.

Éduquer son chien en positif, c'est :

➲ S'offrir la possibilité d'établir un lien de confiance qui se renforce chaque jour davantage.

➲ Affiner sa communication avec lui pour une meilleure compréhension mutuelle.

➲ Créer un environnement propice à son apprentissage, en recherchant sa coopération dans les intéractions plutôt que de le contraindre par des moyens coercitifs.

➲ Avoir le souci de son bien-être.

➲ Travailler en binôme avec le R+ et la P-.

Quelques mots-clés

- **Communication**
- **Patience**
- **Cohérence**
- **Pertinence**
- **Persévérance**
- **Et... récompenses !**

L'éducation collective

Les séances d'éducation entre chiots, appelées « école des chiots », donnent la possibilité de découvrir d'autres congénères et humains, et de pratiquer des activités différentes avec des supports différents. C'est une forme d'éveil. Et elles sont un très bon moyen d'aider à la socialisation de vos petits compagnons. Cela permet également de commencer à capter leur attention dans des environnements riches en stimuli de toutes sortes. Cependant, attention à l'excès de zèle. Être sociable ne veut pas dire systématiquement devoir aller vers tous les chiens. Une socialisation trop poussée peut avoir l'effet inverse. En effet, immerger un chiot dans un endroit trop riche en stimuli peut faire augmenter son stress ou sa peur.

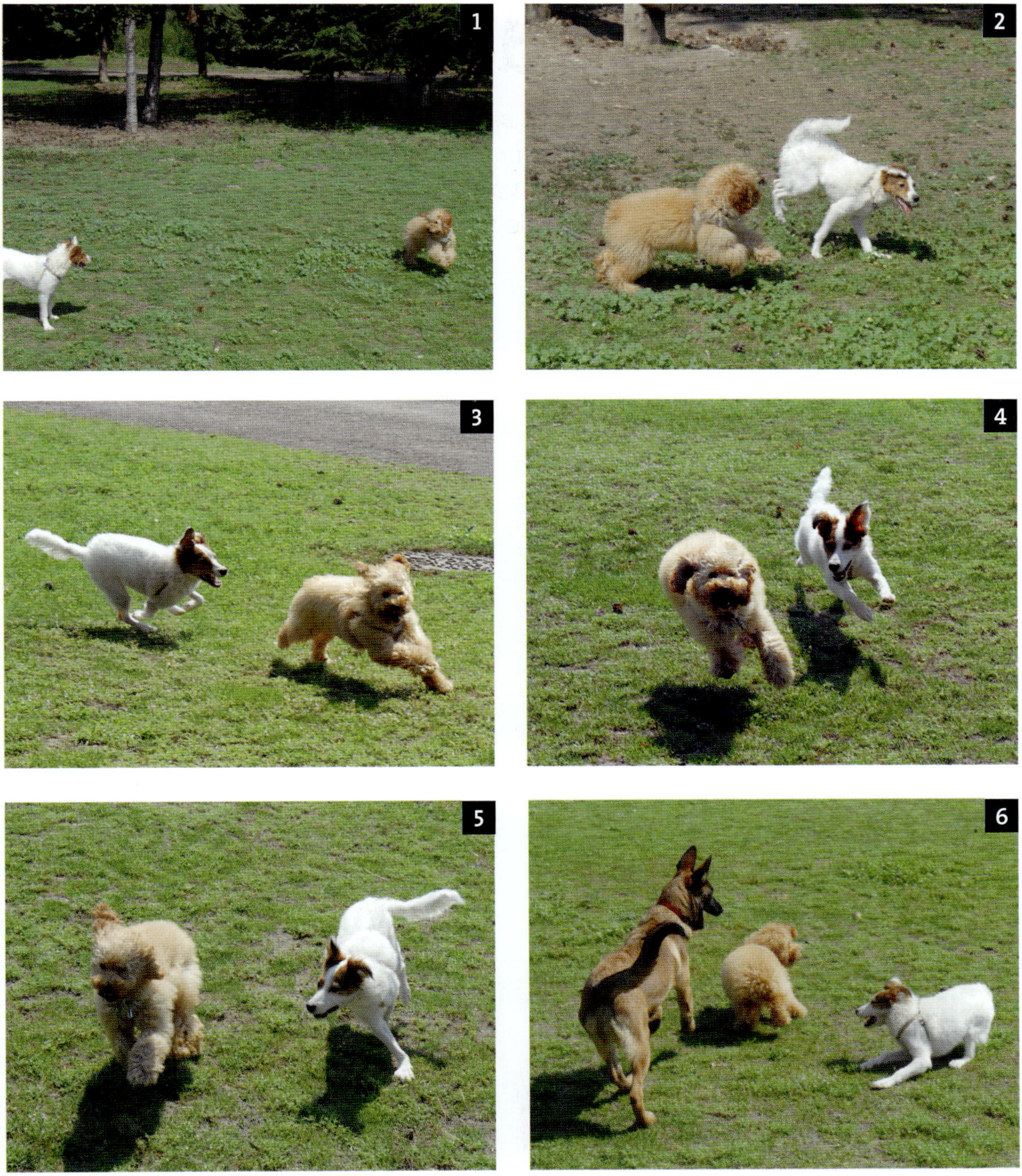

Photos 1 à 6 : **après une petite séance d'éducation, c'est le moment récréatif...**

Le clicker-training

Clicker-training mode d'emploi

Le clicker est un petit boîtier traversé par une tige métallique qui produit un son sec et court, le « clic », lorsqu'on appuie dessus. Ce « clic » va vous servir de **marqueur** *afin de* **souligner tous les bons comportements** *ou les moments exacts qui valent une récompense. Cela vous permettra d'être très précis et de travailler notamment à distance de votre chiot. C'est également un langage universel grâce auquel vous allez communiquer avec votre chiot et lui faire comprendre ce que vous attendez de lui.*

Les origines

Cet instrument a d'abord été utilisé lors du débarquement, en 1944, pour aider les parachutistes à communiquer entre eux. Par la suite, Marian et Keller Breland, des anciens élèves de B. F. Skinner (le « père » du conditionnement opérant, voir p. 113), ont développé cette **technique de communication basée sur le renforcement positif** et l'ont utilisée dans les parcs d'attractions aquatiques pour aider au dressage des cétacés. Puis, cette méthode généralisée a été appliquée à bon nombre d'espèces animales. Les deux pionniers les plus connus aux États-Unis pour l'avoir généralisé sont Karen Pryor et Gary Wilkes. Si la méthode prend son essor aux États-Unis dans les années 1990, elle est beaucoup plus récente en France.

Le fonctionnement de la méthode

Par cette méthode, basée sur les conditionnements dits « classique » et « opérant », **le chien est récompensé dans tout ce qu'il propose de positif.** Il apprend la patience, la frustration, ce qui lui rapporte quelque chose de bon ou ce qui ne lui rapporte rien... Il devient **acteur de son éducation** et renforce ses autocontrôles.

Une fois que votre chiot a compris qu'il pouvait déclencher le clicker grâce à son comportement (on dit alors que le chien est « amorcé au clicker »), il reproduira de façon spontanée tous les comportements que vous récompenserez. Il vous suffira par la suite d'ajouter un mot au comportement qui vous intéresse.

BON À SAVOIR

Cette notion de conditionnement classique est très importante en éducation canine. Par exemple, si votre chiot à peur des visiteurs et que vous demandez à ces mêmes visiteurs de donner systématiquement une friandise au chiot en arrivant, ce dernier va rapidement les associer aux friandises et va oublier sa peur. A contrario, si votre chiot se fait systématiquement tirer les poils dès qu'il croise des enfants, il va rapidement les associer à la douleur et voudra les fuir ou les faire fuir !

Le comportement selon la réponse

Scénario A

Scénario B

Vous rentrez et votre chiot vous saute dessus (1). Vous accueillez avec joie ses sauts en le caressant (2). Les jours d'après se passent suivant le même scénario et en moins d'une semaine votre chiot a compris qu'il fallait vous accueillir en vous sautant dessus (3).

À l'inverse, si lorsque vous rentrez, vous repoussez gentiment votre chien qui vous saute dessus (1). Et vous ne le récompensez qu'une fois qu'il est au sol, ou dans son panier par exemple (2)... il va vite intégrer que la réponse positive ne se fait que lorsqu'il est par terre ou au calme dans son panier (3).

Le conditionnement classique

On doit la notion de « réflexe conditionné » aux recherches du médecin et physiologiste russe Ivan Pavlov (1849-1936) sur le réflexe salivaire chez le chien Ce conditionnement est basé sur un **apprentissage associatif** entre un stimulus inconditionnel, tel que la nourriture, et un stimulus neutre, qui n'a aucune signification pour le chien à la base, comme la clochette de Pavlov ou, en ce qui nous concerne, le son du clicker.

Partant de la théorie de Pavlov, vous allez actionner le clicker et donner des friandises à votre chiot environ une d zaine de fois d'affilée. Vous recommencerez un peu plus tard dans la journée à l'intérieur comme à l'extérieur, jusqu'à ce que votre chiot porte son intérêt sur le petit boîtier.

Une fois cette étape réalisée, le chiot aura autant de plaisir à entendre sonner le clicker qu'à recevoir sa récompense. Vous allez alors l'amener à comprendre que c'est lui qui déclenche le son par son action. Pour cela, vous allez attendre qu'il fasse quelque chose de lui-même pour le cliquer : il vient vers vous, il s'assoit... Il va donc proposer divers comportements dans le but de déclencher à nouveau la petite boîte. Amorcer le chiot au clicker vous ouvre grand les portes du **conditionnement opérant**.

Le conditionnement opérant

Burrhus Frederic Skinner (1904-1990) est probablement le psychologue américain le plus important du xxe siècle. Éminent penseur du comportementalisme, il met en évidence le conditionnement opérant. C'est grâce à ses études portant, entre autres, sur les comportements volontaires, soulignant l'importance des renforcements et, en particulier, **les bienfaits des renforcements positifs**, que va naître le concept du clicker-training.

Nous savons qu'à l'état naturel, l'animal ne répètera que les actions qui lui rapportent satisfaction et évitera de reproduire les actions qui entraînent des réponses négatives. Par exemple, si vous lui donnez un bonbon à chaque fois qu'il va dans son panier, votre chiot ira plus souvent et plus facilement dedans. Si vous le grondez quand il ne revient pas au rappel, il reviendra encore moins vers vous. À l'échelle de votre quotidien, votre chiot peut s'auto-récompenser de mille et une façons : mordiller vos chaussures pour calmer son anxiété, faire pipi parce que ça soulage sa vessie, vous voler vos sous-vêtements pour que vous lui couriez après... C'est donc à vous de bien **faire attention aux réponses que vous lui donnerez**.

Un langage universel

Le clicker est un langage universel ; un moyen de communication clair et efficace. **Le son est neutre,** contrairement aux émotions qui passent dans la voix. Il évite que vos échanges soient brouillés par des interférences émotionnelles qu'elles soient bonnes ou mauvaises. Il est donc plus facile pour votre chiot de se concentrer sur le « clic » plutôt que d'essayer « d'interpréter » ce que vous lui dites. Pour lui le « clic » veut toujours dire « bien », alors qu'un « bien » parlé peut avoir plusieurs significations en fonction de l'intonation employée et de notre posture corporelle.

Le clicker permet aussi d'obtenir ce que l'on veut de son chien sans avoir besoin de le toucher et permet de le récompenser à distance ; cela est particulièrement utile pour des chiots ultra-sensibles ou craintifs qui supportent difficilement d'être touchés ou manipulés. Plus qu'une méthode, c'est une autre façon d'appréhender son chien, qui offre plein de possibilités.

Le renforcement positif exclusivement

Cette technique ne met l'accent que sur **la réussite** et oublie les échecs, donnant ainsi une motivation supplémentaire au chien dans ses essais. Elle permet de construire une relation sécurisante pour votre chiot et d'**augmenter ses capacités à faire les bons choix**.

C'est une communication dans les deux sens : le chien est acteur de son comportement ; il peut proposer des attitudes qui seront ou pas renforcées en fonction de vos attentes. Si l'attitude n'est pas renforcée, le chien vous en proposera une autre jusqu'à ce qu'il entende le « clic » synonyme de récompense. À vous d'accepter qu'il ne donne pas toujours les bonnes réponses sans penser pour autant qu'il se trompe !

Une histoire de timing !

À la suite de ce conditionnement, le clicker aura la même valeur que la friandise, même si cette dernière arrive un peu plus tard ; cela vous permettra d'être précis dans les moments que vous récompenserez et de pouvoir récompenser votre chiot à distance.

Encore une fois, un chiot a des séquences comportementales très courtes, de l'ordre de quelques secondes, ensuite, il passe à une autre idée et ainsi de suite. La difficulté, en éducation, est de récompenser au bon moment, ni trop tôt, ni trop tard, pour que le chiot puisse associer la friandise au bon comportement. Avec le clicker-training, même si votre friandise arrive un peu tard, le chiot sait qu'il est récompensé au moment où il perçoit le « clic ». Par exemple, si, lorsque votre chiot s'assoit, vous sortez une friandise et que lorsque vous lui tendez, il se lève pour venir la chercher, il ne va pas forcément associer la friandise au comportement « Assis » mais plutôt au comportement « Debout » ou « Viens ». **Dans le cadre d'une éducation au clicker, le chien a compris que le moment récompensé est le moment où il entend le clic pas le moment où la friandise arrive.**

Un apprentissage à vie

Une fois que votre chien a été amorcé au clicker**, il ne l'oublie plus.** Même si vous avez rangé votre clicker depuis des années, il sera toujours efficace si vous devez retravailler avec votre chien une fois adulte, que ce soit pour lui apprendre de nouveaux tours ou pour gérer toutes sortes de petits troubles. Quelle que soit votre problématique, vous pourrez sûrement la résoudre avec un travail au clicker et l'aide d'un professionnel de l'éducation canine en positif. Le clicker fonctionne à n'importe quel âge du chien, dès l'instant qu'il est apte à l'apprentissage.

Les trois façons de travailler au clicker

Le leurre

Cette technique consiste à guider le chiot vers une position en plaçant une friandise devant son museau : là où va la tête, va le corps.

La proposition

Une fois le chiot amorcé au clicker, il va de lui-même vous proposer divers comportements dans l'espoir de faire sonner le clicker ; il vous suffit de sélectionner celui que vous voulez.

La capture ou « shapping »

Cette technique consiste à sélectionner tous les plus infimes comportements qui vont vers un comportement final. Par exemple, pour que votre chiot comprenne qu'il faut aller dans le panier, vous allez tout cliquer dès l'instant que son attitude a un lien avec le panier. Un regard, la tête qui tourne vers le panier, une patte qui s'avance... Cette technique demande un bon sens de l'observation et beaucoup de patience ; elle est plus difficile à employer lorsque l'on débute. C'est pourquoi nous ne parlerons ici que du leurre et de la proposition.

Quelques ordres de base à travailler avec la méthode du clicker-training

Le « Assis »

➲ La technique du leurre : on ne lui parle pas, on ne le touche pas. Mettez la friandise au-dessus du museau de votre chiot, la main légèrement dirigée vers son train

1

2

3

Photo 1 : **placez la friandise devant le museau de votre chiot, la main légèrement dirigée vers le haut et vers l'arrière.**
Photo 2 : **cliquez dès que votre chiot pose les fesses au sol.**
Photo 3 : **la friandise arrive derrière le clic.**
Photos 4 et 5 : **si votre chiot saute pour attraper la friandise, ce n'est pas grave, mais attendez qu'il soit de nouveau les quatre pattes au sol avant de lui donner sinon, il pourrait croire que vous le récompensez de sauter et non pas d'être assis !**

arrière pour que ses fesses se posent au sol. Cliquez **dès que les fesses se posent,** puis donnez la friandise, suffisamment éloignée du chiot pour le pousser à se lever de lui-même, et recommencez l'opération jusqu'à ce qu'il s'asseye systématiquement.

➲ La proposition : à la différence du leurre, il faut attendre que votre chiot s'asseye de lui-même. Cliquez dès que ses fesses touchent le sol. **La friandise intervient seulement comme récompense et non plus comme guide.**

Quelle que soit la technique employée, lorsque le comportement est compris, votre chiot vous le proposera automatiquement. Superposez alors le mot sur le comportement, suivi immédiatement du « clic » puis de la friandise. Au bout de 30 à 50 répétitions, placez le mot avant le comportement, il deviendra **le signal du comportement.** Par la suite, vous ne récompenserez votre chiot que lorsqu'il répondra à votre signal et plus quand il vous proposera le comportement de façon spontanée. Enfin, quand l'exercice aura été généralisé, la récompense deviendra aléatoire puis disparaîtra progressivement.

N'oubliez pas que le leurre doit rapidement disparaître. L'intérêt de l'apprentissage au clicker réside dans le fait que le chiot est acteur de son éducation, alors privilégiez le procédé de la proposition ; c'est un apprentissage plus global qui permet d'agir également sur les notions de patience et de frustration. **Le chiot réfléchit à ce qu'il doit faire** pour obtenir sa friandise et trouve la solution adéquate de lui-même. Il se fatigue mentalement et apprend à gérer ses émotions au fur et à mesure des exercices.

Le « Couché »

➲ La technique du leurre : placez la friandise devant la truffe du chiot et guidez-le vers le sol, très lentement, comme si vous aviez un fil invisible et fragile entre sa truffe et votre main, puis procédez de la même façon que pour l'exercice du « Assis ». Cliquez au moment où votre chiot se couche au sol et posez la friandise de façon à ce qu'il se lève pour aller la chercher. Recommencez jusqu'à ce que le comportement devienne automatique. Ensuite, le mot vient se placer sur le comportement puis avant le comportement, en signal.

➲ La proposition : attendez de votre chiot qu'il se couche de lui-même et cliquez dès qu'il est au sol. S'il a du mal à vous proposer la position, vous commencez à le cliquez dès qu'il tente de fléchir un minimum ses pattes avant pour lui faire comprendre qu'il est sur la bonne voie. Évitez de lui parler pour l'aider, vous ne feriez que l'embrouiller davantage.

Le « Reste »

Cliquez et récompensez (C/R) tant que votre chiot garde la position assise ou couchée, puis espacer les « clic » petit à petit jusqu'à ce qu'il puisse rester au moins une minute dans la position souhaitée. Une fois que cette phase est atteinte, **éloignez-vous** d'un pas et C/R tant qu'il ne bouge pas. S'il bouge, c'est que vous avez dû aller trop loin dans la difficulté. Redéfinissez vos critères à la baisse. **Le but est que votre chiot « gagne » à chaque fois pour qu'il puisse comprendre où vous voulez en venir.**

« Le Panier »

Mettez-vous à côté du panier et utilisez le leurre ou la proposition. Récompensez votre chiot lorsqu'il met au moins une patte dans le panier. Ensuite, arrêtez de le récompenser tant qu'il n'a pas mis deux pattes puis trois et enfin les quatre pattes. Lorsqu'il a compris l'exercice et qu'il va dans son panier de lui-même, commencez à changer de position par rapport au panier, puis éloignez-vous pas à pas, en allant toujours de façon très progressive dans la difficulté. Ensuite, vous rajouterez votre mot en le superposant à l'action du chiot et enfin vous le mettrez en signal.

Quels que soient les exercices travaillés, il faut d'abord mettre l'accent sur la durée, puis sur la distance et enfin composer avec la distraction.

Le clicker change le regard que vous portez à votre chiot

Vous allez voir votre chiot réfléchir, hésiter puis se lancer, être heureux de travailler avec vous. Vous allez vous émerveiller de toutes ses « facettes créatives ». Si cette méthode est formidable pour apprendre les ordres de bases à votre chiot, elle vous montrera aussi toute l'étendue de ses possibilités si vous souhaitez lui faire des exercices différents, tels que des petits tours ludiques, de l'agility, de l'obé rythmée ou toute autre activité. Elle renforcera de façon incroyable votre relation à tous les deux et cela continuera une fois votre chien adulte.

Photo 1: **placez votre chien en position assise et descendez doucement la main qui tient la friandise vers le sol (photo 2), jusqu'à ce que votre chiot se couche (photo 3), cliquez et donnez la friandise (photo 4).**

1

Le " Rampe "

Certes, vous n'en aurez pas besoin au quotidien, mais cela fait partie des petits exercices comme le « roule », par exemple, qui sont sympathiques à travailler avec votre chiot !
Placez la friandise devant la truffe de votre chiot (photo 1) et déplacez très légèrement votre main de façon à ce que votre chiot s'étire vers l'avant pour attraper la friandise. Cliquez tous les mouvements vers l'avant avant qu'il ne se lève (photos 2 à 5).

2

3

4

5

Carnet pratique

La SPA et vous

Des valeurs et un engagement au service des animaux

Recueillir

Créée en 1845 et reconnue d'utilité publique en 1860, la SPA recueille les animaux abandonnés, perdus ou maltraités dans ses refuges. Ceux-ci sont en 2014 au nombre de **56** et accueillent plus de **40 000 animaux par an.**

Soigner

Tous les animaux accueillis dans les refuges reçoivent les soins nécessaires.

La SPA aide également les propriétaires démunis à faire soigner leurs animaux dans ses **12 dispensaires.**

Adopter

La SPA offre aux animaux recueillis une nouvelle chance en mettant tout en œuvre pour leur trouver une famille. Sous forme de conseils personnalisés et de brochures, des informations détaillées sont fournies aux adoptants **pour accueillir un animal dans les meilleures conditions.** Un suivi post-adoption est réalisé afin de vérifier le bien-être de l'animal et la **conformité** de son nouveau cadre de vie avec les valeurs de la SPA.

Responsabiliser

Adopter un animal est une **démarche sérieuse et responsable,** elle implique tous les membres d'une famille et s'inscrit dans le temps. La SPA veille et tient à ce que cet engagement d'adoption responsable soit mûrement réfléchi pour **éviter un nouvel abandon.**

Sensibiliser

La SPA lutte contre les abandons, organise des Portes Ouvertes pour faire connaître ses actions et favoriser les adoptions, et s'adresse aux donateurs pour solliciter leur générosité sans laquelle elle ne pourrait agir.

Elle **dénonce les mauvais traitements** infligés aux animaux en poursuivant **en justice** leurs auteurs.

Elle **sensibilise le grand public** à ce qu'est un animal et à ses besoins (respect, amour, éducation...).

Grâce à une action médiatique forte, la SPA veut **peser sur l'opinion publique** et informer celle-ci des enjeux de la protection animale.

Transmettre

600 salariés travaillent à la SPA et 3 000 bénévoles œuvrent à leurs côtés au quotidien.

D'importants travaux sont menés pour améliorer les structures d'accueil et en créer de nouvelles afin de venir en aide au plus grand nombre possible d'animaux et ce dans les meilleures conditions de bien-être possibles.

Impliqués dans la vie des refuges, les enfants des **« Clubs Jeunes SPA »** sont l'avenir de l'association et de la protection animale de demain.

Société Protectrice des Animaux (SPA)
39, boulevard Berthier, 75847 Paris Cedex 17
Tél. : 01 43 80 40 66, Fax : 01 43 80 84 80
www.spa.asso.fr

Accueillir un chiot est également l'occasion de s'engager dans la défense de la cause animale : en adoptant aujourd'hui un chiot, vous devenez un protecteur des animaux. Poursuivez votre démarche !

Je m'informe sur la protection animale

Pour en savoir plus sur l'association, informez-vous auprès de votre refuge ou sur le site Internet de la SPA : **www.spa.asso.fr.**

J'adhère à la SPA

Adhérez à la SPA pour 20 euros par an et recevez notre journal LA CAUSE ANIMALE diffusé à 150 000 exemplaires. Vous pouvez là aussi adhérer en ligne ou auprès de votre refuge.

Je donne à la SPA

La SPA a besoin de vous pour rénover ou reconstruire ses refuges, ouvrir de nouveaux dispensaires et faire connaître toutes ses actions. Aidez-la par vos dons.

Je défends la cause animale

La SPA lutte au quotidien contre la maltraitance et les trafics dont sont victimes les animaux. Contactez l'association si vous constatez qu'un animal est victime de mauvais traitements.

Je deviens famille d'accueil

La SPA cherche des familles d'accueil auxquelles elle confie de façon définitive des animaux qui sont depuis trop longtemps en refuge et/ou souffrant d'un handicap ou d'une pathologie. Ces animaux restent la propriété de la SPA et l'association prend en charge les frais vétérinaires et alimentaires. Renseignez-vous sur http://familledaccueil.spa.asso.fr

Je deviens bénévole à la SPA

Les bénévoles de la SPA participent à la vie quotidienne des refuges aux côtés des salariés. Ils s'occupent des animaux, les promènent et les éduquent. Renseignez-vous auprès de votre refuge.

Les chiots
qui nous ont accompagnés durant cette aventure.

Jifi

Jifi est une petite chienne Caniche abricot. Elle est très vive et affectueuse. Elle adore les séances d'éducation. Elle comprend très vite ce qui lui vaudra une récompense et agit en conséquence ! Toujours partante, que ce soit pour une promenade ou un câlin, elle fait la joie de sa « maîtresse ».

Le Caniche se décline en plusieurs tailles, géant moyen, nain et toy. C'est un chien sportif et très animé, qui a besoin d'une bonne stimulation mentale.

Cette race exige un toilettage fréquent : un brossage plusieurs fois par semaine et une tonte environ tous les 2 à 3 mois.

À l'origine, c'était un chien de chasse pour le gibier d'eau. Il fit son apparition dans les salons au XVIIIe siècle et intégra les foyers plus modestes au cours du XIXe siècle.

C'est une des races les plus populaires en France et très polyvalente. On peut la retrouver, en agility, obé rythmée mais aussi en pistage, cavage (chercher des truffes) ou en chien visiteur dans le cadre de la médiation animale.

Molly

Molly est une jeune Malinoise. Débordante de vitalité, toujours en éveil, elle a besoin d'être canalisée. Cela se fait par toutes sortes de petits exercices et jeux qui l'aident à renforcer sa patience. Elle est très réceptive pendant les séances et comprend rapidement ce que l'on attend d'elle. Elle est également très attachée à ses « maîtres » et aime les parties de jeux en famille.

Le Malinois fait partie des Bergers belges.

C'est avant tout un chien de garde et de travail. Très prisé par les équipes cynotechniques, on le retrouve souvent dans l'armée, la gendarmerie ou la police (chien d'avalanche, de décombres, renifleur de drogue ou d'explosif...).

Il excelle dans les disciplines telles que l'obéissance, le dressage au mordant (celui-ci ne peut se faire que par un instructeur habilité et seuls les chiens LOF y ont accès) et le pistage.

C'est avant tout une race au tempérament très énergique et endurant qui demande à se fatiguer autant physiquement que mentalement ; un chien sportif par excellence et également un très bon gardien.

Lulu

Lulu est une petite Spitz allemand. Elle est joyeuse, vive et espiègle. Elle est très attachée à sa « maîtresse », mais elle est également très intéressée par son environnement. Humains et congénères lui sont familiers mais ce qu'elle aime par-dessus tout, ce sont les pique-niques à sa portée et faire de l'obé rythmée !

Le Spitz, comme le Caniche, se décline en plusieurs tailles et peut alors avoir une appellation différente ; le Spitz nain s'appelle aussi, par exemple, Poméranien et le grand Spitz allemand est appelé aussi Spitz-Loup ou Keeshond.

Les Spitz sont considérés comme étant la plus vieille race d'Europe centrale.

Ils sont d'un tempérament curieux, joyeux et attentif, fortement attachés à leur « maître » et réputés indifférents, voire méfiants avec les étrangers. Ce sont des chiens très réceptifs et sensibles qui débordent de vitalité.

Malgré leur fourrure abondante, ils ne demandent pas de toilettage intensif.

Pin's

Pin's est une petite chienne de races, au pluriel ; c'est un heureux mélange. Probablement issue d'**Épagneul papillon**, de **Jack** ou de **Parson Russel** et de bien d'autres peut-être, elle a été trouvée dans la rue toute petite, vraisemblablement avant qu'elle n'ait atteint ses 2 mois. D'abord recueillie en refuge, elle a été adoptée à l'âge de 4 mois. C'est une adorable explosion d'énergie. Aussi espiègle qu'affectueuse, elle se disperse dans tous les sens. Elle s'entraîne donc à mieux se contrôler et gérer son excitation par des petits exercices au quotidien.

Les bâtards et les corniauds sont d'une manière générale réputés pour leur santé résistante, mais ils ne sont pas exempts de maladie pour autant.

Ils ont un physique unique et des caractéristiques multiples qui puisent leurs sources dans les différentes races qui les composent.

Ils ont eux aussi leurs célébrités : Clochard, Idéfix ou Cubitus pour n'en citer que quelques-uns !

June

June est une adorable petite chienne Nova Scotia. Elle est très vive, mais sait se poser et rester au calme. Elle a commencé son éducation quelques jours après son arrivée dans sa famille et a très vite appris les bases. Joyeuse et affectueuse, elle aime se défouler sur les lacets, les chaussettes ou les jouets en général mais ce qu'elle préfère par-dessus tout, ce sont l'eau et les douces caresses de sa famille.

Le **Nova Scotia,** appelé également **Toller,** est le chien emblématique de la Nouvelle-Écosse. Élevée et sélectionnée dès le début du XIXe siècle, en tant que Retriever, la race n'est officiellement reconnue qu'en 1982.

D'un caractère enjoué, sociable et tendre, il est très énergique, réceptif et endurant. Comme tous les chiens dits « de travail », il a besoin de se dépenser quotidiennement.

Adresses utiles

Associations, refuges

Société Protectrice des animaux (SPA)
01 43 80 40 66
www.spa.asso.fr

Fondation 30 millions d'amis
01 56 59 04 44
www.30millionsdamis.fr

Fondation Brigitte Bardot
01 45 05 14 60
adoption. fondationbrigittebardot.fr

Écoles vétérinaires

Maisons-Alfort : 01 43 96 73 73
Lyon : 04 78 87 07 07
Nantes : 02 40 68 78 07
Toulouse : 05 61 19 32 90

Vétérinaires par département
www.allo-veterinaire-jour-et-nuit.fr

Seevad (Société Européenne d'éthologie vétérinaire des animaux domestiques) :
www.seevad.fr

Pratique

Fichier Canin I-CAD
En cas de perte de son chien ou pour mises à jour de vos coordonnées :
08 10 77 87 78
www.i-cad.fr

Éducation canine en méthodes positives

ANIMALIN
École française du clicker-training
www.animalin.net

École Sup du Chien-Agnès Matthys
www.ecole-sup-du-chien.com
info@ecole-sup-du-chien.com

MFEC Mouvement français Francophone des Éducateurs du Chien de compagnie
www.mfec.fr
Vous aurez toutes les informations utiles pour trouver un professionnel de l'éducation près de chez vous.

Les éditions Larousse et l'auteure remercient

- Les propriétaires des chiots qui se sont prêtés aux séances de photos : la famille Dao et Molly, Myriam et Jifi, Justine et Pin's, Aurélie et Lulu, Pascale et June.
- La clinique vétérinaire des Alizée pour la séance de photo et ses conseils. **Alizée Vet Clinic** www.veterinairefeveparis14.com
- La clinique du Dr Benalloul pour ses conseils. **Clinique vétérinaire du Dr Thierry Benalloul** thierry.benalloul@orange.fr
- Le salon de toilettage **Glam et Chien Paris** pour la séance de photo. www.glam-et-chien-paris.fr
- La SPA et ses bénévoles et toutes les associations qui œuvrent au bien-être des chiens et luttent contre les abandons.

June en février 2015, ayant grandi depuis les séances de photos...

Crédits iconographiques

Dessins © Jean-Yves Grall, www.jeanyvesgrall.com : p. 24, p. 35, p. 47, p. 49, p. 58-59, p. 64-65, p. 71, p. 112, p. 128.

© Olivier Polton : p. 17, p. 22, p. 23, p. 24, p. 25, p. 26, p. 28-29, p. 37, p. 40, p. 42-49, p. 44-45, p. 55, p. 60-61, p. 62-63, p. 70, p. 72-73, p. 75, p. 76-77, p. 78-79, p. 89, p. 91, p. 92-93, p. 95, p. 96-97, p. 102, p. 107, p. 110, p. 115, p. 116, p. 117, p. 118-119, p. 124-125.

© Shutterstock : Adya, p. 7 ; Mikkel Bigandt, p. 8-9 ; /cynoclub, p. 10 ;/Vicente Barcelo Varona, p. 11 ; /leungchopan, p. 11 ; /cynoclub, p. 11 ; /Eric Isselee, p. 12 ; /Eric Isselee, p. 12 ; /streamroller_blues, p. 13 ; /Susan Schmitz, p. 13 ; /Patryk Kosmider, p. 15 ; /Bianca L, p. 16 ; /Andrey Arkusha, p. 19 ; /Africa Studio, p. 20 ; /Vitaly Titov & Maria Sidelnikova, p. 21 ; /Valentina Razumova, p. 23 ; /Kwiatek7, p. 25 ; /Eric Isselee, p. 27 ; Rita Kochmarjova, p. 30-31 ; /rsfatt, p. 32 ; /otsphoto, p. 33 ; /Christian Mueller, p. 33 ; /Viorel Sima, p. 34 ; /Eric Isselee, p. 34 ; /Fotyma, p. 36 ; /wavebreakmedia, p. 38 ; /InnerVisionPRO, p. 39 ; /holbox, p. 39 ; /Soloviova Liudmyla, p. 41 ; /Petr Jilek, p. 46 ; /Stokkete, p. 48 ; /Olimpik, p. 50 ; /Soloviova Liudmyla, p. 53 ; /Pattarit S, p. 67 ; /Kwiatek7, p. 68 ; / L. F, p. 69 ; / WilleeCole Photography, p. 69 ;/Ben Schonewille, p. 74 ;/Michael Zysman, p. 80 ;/tiverylucky, p. 81 ; /Javier Brosch, p. 82 ; /Dora Zett, p. 83 ; /Beauty photographer, p. 85 ; /Nadezhda V. Kulagina, p. 86-87 ; /Silvy78, p. 95 ; /Jagodka, p. 98 ; /ARTSILENSE, p. 98 ; /Robynrg, p. 99 ; /Martin Valigursky, p. 99 ; /dezi, p. 100-101 ; /vertraut, p. 103 ; /Elya Vatel, p. 104 ; /Gelpi JM, p. 105 ; /Jne Valokuvaus, p. 106 ; /sucesso images, p. 108-109 ; /pryzmat, p. 111 ; /Antonio Gravante, p. 113 ; /Tsekhmister, p. 114 ; /Patryk Kosmider, p. 120-121. / Jagodka, p. 123.

PAPIER À BASE DE FIBRES CERTIFIÉES

LAROUSSE s'engage pour l'environnement en réduisant l'empreinte carbone de ses livres. Celle de cet exemplaire est de : 850 g éq. CO_2 Rendez-vous sur www.larousse-durable.fr

Photogravure Nord Compo

Imprimé en Espagne par Graficas Estella (Estella)
Dépôt légal : avril 2015
315228/04 – 11047730 mai 2021